弁言

同一物也。甲嗜而甘之。乙則惡聞其氣味。無病者得之而有營養之功能。病者得之而病劇。同一酒也。有少飲卽醉者。有能豪飲者。有醉後玉山頹然者。有使醉罵座者。可見飲食入腹。名有不同之感應。則吾人對於飲食品。當知所抉擇。用其有益而舍有害者。乃合於人生需要飲食之旨。

是書專採飲食品。就往昔經驗之前言。益以現代化學之分析。將其性味成分効能。及與人身體營養之宜忌。或病者之宜忌。幷附以療病効能。食用方法。更及因飲食中傷之解救方法。用意所在。欲人於飲食品三致意。而可以却抱延年。不藥病瘉。藉有烹飪常識。以爲吾人保健之津梁。而補助醫藥之不逮。或亦於民族健康。微有裨益歟。

中華民國三十七年十一月編者自識

編輯凡例

一、本編定名爲飲食療養新編。故專採輯飲食品・將其性味成分効能。旁及食用方法。詳爲臚列。實合飲食譜食療本草冶爲一爐。凡非可供飲食者。概不列入。

一、本編之分部。(甲)穀鄰。凡五穀類如稻麥等屬之。(乙)草部。凡草本菜蔬及草本果類屬之。(丙)木部。凡木本之果實及茶類等屬之。(丁)禽部。凡二足而翼者動物屬之。(戊)獸部。凡四足而爪者動物屬之。(己)鱗介部。凡有鱗介之水產及兩棲動物屬之。(庚)釀造部。凡以人力釀造物品屬之。(辛)菌部。凡木耳蘑菰等屬之。(壬(附錄部。凡不能列入前列各部。而又有關飲食者屬之。

一、每部物品以名稱首字筆畫多少。次第排列。由少而多。以便檢查。

一、本編所採材料。凡舊說及新發明。均爲搜輯。以求切實有用。不囿於一隅之見。以見學術之淵源和演進。

一、本編訛誤罣漏之處。自有不免。希同好者加以匡正。

一、本編所輯材料。除由各參考書採輯外。幷有在各報章雜誌選輯者附爲聲明。以示不敢掠美而表謝意。

總目

木部

醸造部……一四九

穀部

太麥

【性味】鹹。溫。微寒。無毒。
【効能】消渴。除熱。調中益氣。
【食用】大麥作飯食。薌而有益。煮粥甚滑。磨麪作醬。甚爲甘美。不動風氣。可久食。暴食似脚弱。爲下氣也。熟則有益。生冷損人。炒食則動脾火。

小麥

【性味】甘。微寒。無毒。
【成分】小麥。大麥。大抵與馬鈴薯之性質相同。所含成分爲澱粉。蛋白質。脂肪。所異者含有多量石灰分也。是以爲重要之食料品。其効能石灰爲組成骨質之要物。而少年體軀之成長時。尤以石灰分爲最良之食品。
【効能】補心。止煩。除熱。止汗。用作滋養強壯品。
【食用】小麥寒氣全在皮。作湯勿令皮坼。皮坼則熱。新麥性熱。陳麥平和。麥有陳黦之色則宜杵食。若又加磨中石末必熱。
麥麵甘溫有微毒。補虛。久食實人膚體。厚腸胃。強氣力。養氣。補不足。助五臟。
麪筋味甘。性涼。煮喫甚良。以油炒則性熱。多食難化。小兒。病人。尤忌食。
小麥苗。辛。寒。無毒。消酒毒。

暴熱酒疸目黃作虀食。甚顏色。
小麥粥。止消渴。袪煩熱。
南方麥。夜開花。 有微毒。 北方麥。日開花。無毒。南方春雨多。麥受濕蒸多。北方春雨少。麥不受濕。北方多霜雪。麥無毒。南方少霜雪。麥有毒。故南麥食之。作渴動風氣。北方可以常食。
食麪傷者。以萊菔漢椒消之。
忌與粟米。批把同食。
貯麥以蠶沙和。或於秋前剉蒼耳和曝。久不蛀。
寒食日用紙袋盛麪懸風處。熱性皆去。數十年久留不壞。
麪性壅熱。小動風氣。發丹石毒。
多食長宿癖。加客氣。

玉蜀黍

【性味】甘。平。無毒。
【効能】調中開味。其根葉煎湯頻飲。能治砂淋。痛不可忍。
【食用】煮食味甘美。乾者磨粉蒸饆。或煮食均可。惟其質鮮煮滑利。多食令人利。乾者堅硬。亦難消化。故凡脾胃虛弱人。不宜久食。

白豆

【性味】甘平。無毒。
【効能】補五臟。調中。助十二經脉。
【食用】白豆腎之穀。腎病宜食之。葉煮食。利五臟。下氣。

白粱米

【性味】甘。微寒。無毒。
【効能】除熱。益氣。和中。止煩渴。能解小麥毒。

【食用】供炊飲食。生者難化。熟者滯氣。隔宿食生蟲。胃冷者不宜多食。與杏仁同食令人吐瀉。

回回豆

【性味】香。溫。無毒。

【效能】解麪毒。

【食用】炒食或磨入麵中。

沙米

【性味】甘。溫。無毒。

【效能】淸熱。消風。利大腸。消宿食。療噎膈反胃。服之不飢。

【食用】好吐者多食有益。煮粥滑膩可食。屑之可供餅餌茶食之原料。

赤小豆

【性味】甘。酸。平。無毒。

【成分】含窒素物一八・五五。無窒素物五七・七二。脂肪〇・八九。木纖維八・八〇。水分一三・一〇。灰分二・九四。

【效能】淸濕熱。排膿毒。用作利水藥。及腫瘍藥。去骨節煩熱。

【食用】煮食或煮粥食均可。同鯉魚鮓食令肝黃。成消腸。同米煮飯及作醬。食久發口瘡。驢食足重。人食身重。以其逐津液。令肌瘦膚燥也。凡色赤者。食之助熱損人。豆粉能去衣上油跡。花名腐婢解酒毒。食之令人多飲不醉。其葉煮食可除煩熱。止小便數。其豆芽曝乾爲末。溫酒調方寸七日三服。能愈姙娠漏胎。或房勞傷胎。

東廧

【性味】甘。平。無毒。

【効能】益氣輕身。久服不飢。堅筋骨。能步行。

【食用】其子可爲飯食。多食易生積滯。

秈米

【性味】甘。溫。無毒。

【効能】溫中。益氣。和胃。養脾。除濕。止洩。

【食用】參考粳米條。

青粱米

【性味】甘。微寒。無毒。

【効能】治胃痺。熱中。消渴。止洩痢。利小便。益氣。補中。健脾。治洩精。

【食用】煮粥食之。因性寒宜於熱病人餘參考粟米條。

胡麻（俗名芝麻）

【性味】甘。平。無毒。

【成分】營養成分。分析如下。白胡麻蛋白質二〇・五四。脂肪五一・五七。無窒素有機物一二・〇六。灰分八・三六。水分六・九三。黑胡麻蛋白質一九・六五。脂肪四四・一五。無窒素有機物一九・四三。灰分二〇・一二。水分六・六五。

【効能】益肝。補腎。養血。潤燥。爲滋養強壯品。并能解毒。

【食用】白者榨油量多　黑者服食最佳、炒宜熟。否則令人髮落。泄瀉者勿食。

苦蕎麥

【性味】甘。苦。寒。有小毒。

【効能】下氣。清熱。

【食用】磨粉蒸使氣餾。濾去黃汁。用作餅餌。多食傷胃發風動氣。能發諸病。黃病人尤忌。故僅為充飢救荒則可。

秫米

【性味】甘。微寒。無毒。

【効能】治筋骨攣急。殺瘡疥毒。熱去凍瘡。利大腸。治肺瘧。

【食用】本品卽粟之粘者。有赤。白。黃。三種。久食壅五臟。氣。動風迷悶易成黃積病。小兒不易多食。傷鵝鴨成瘕者。以秫米泔解之。釀酒。造糖。作糕。均可。

茭米

【性味】甘。冷。無毒。

【効能】止渴。解煩熱。調腸胃。

【食用】作飯香脆。多食令人滑利。中寒人勿食。

本品係茭草之子實。

豇豆

【性味】甘。鹹。平。無毒。

【成分】鮮豇豆每百公分含有甲種維生素原。約等於一千餘至二千餘國際單位。乙種一維生素約半至一公絲。（每公絲等於三百三十單位）。丙種維生素約七至二十餘公絲。庚種維生素約十餘至二十餘公微。（每百公微為一公絲）。新鮮很嫩豇豆莢。（有莢而未成豆粒）。每百公分約含蛋白質二公分半左右。纖維質約半公分餘至一公分半。鈣質四十餘至五十餘公絲。鐵質約一至二公絲半。豇豆含有五種蛋白質各種蛋白質中。各含有離錏基酸。組織錏基酸等重要錏基酸。屬於佳良的蛋白質。所以豇豆可與肉類比美。豆粒每百公方（約三兩餘。五百公分爲一市斤。）約含有蛋白質二十至二十一公分餘。纖維質三至五公分餘。鈣質一百餘至二百公絲。（每千公絲爲一公分。）鐵質十一至十四公絲。

【効能】補中益氣。補腎健脾。和五臟。調養營衛。生精髓。止消渴。吐逆。瀉痢。小便黃。解鼠莽草毒。

【食用】嫩時採莢爲蔬。可葷可素。老則收子充食。宜餡宜糕。煮豆入少鹽食之最補腎。患水腫病勿食。

雀麥

【性味】甘。平。無毒。

【效能】充飢。滑腸。

【食用】如食小麥等法。食之均宜。

粟米

【性味】鹹。微寒。無毒。

【成分】粟於穀類中養分最富。爲人生所必需。其成分含有蛋白質。澱粉。糖粉。脂肪等。就中植物纖維。鹽分尤多。其他含幾分之水。其味微鹹。而爲無毒性食品。

【効能】清熱。解毒。補脾腎。和腸胃。陳者苦寒。治胃熱。消渴。利小便。止痢。解小麥毒。

【食用】炊飯。煮粥。磨粉作餡食均可。生則難化。熟則滯氣。胃冷者不宜多食。浸水至敗者損人。隔宿食生蟲。與杏仁同食。令人吐瀉。雁食粟足重不能飛。

黃粱米

【性味】甘。平。無毒。
【功能】益氣和中。止洩。去客風。頑痺。利小便。除煩熱。止霍亂。下痢。
【食用】炊飯。煮粥。均佳。餘參看粱條。

黍米

【性味】甘。溫。無毒。
【功能】益氣。補中。燒灰。和油。塗杖瘡止痛不瘢。嚼濃汁塗小兒鵝口瘡。有效。
【食用】炊飯。煮粥。均可。多食閉氣。久食令人多熱悶。發痼疾。昏五臟。令人好睡。緩筋骨。絕血脈小兒多食。令久不能行。小貓犬食之其足跼屈。合葵菜食。成痼疾。合牛肉白酒食、。生寸白蟲。醉臥黍穰中令人生癘。

黑大豆

【性味】甘。平。無毒。
【成分】含有植物性蛋白質極多。故爲食料必需品，於其營養上分析之得各成分如下。水分一六·〇九。蛋白質四〇·二五。脂肪一八·二六。無窒素物二一·九七。纖維三·八六。灰分四·五四。
【功能】祛風熱。解諸毒，兼有滋養之功。生研塗壅腫。煮汁飲。殺鬼毒。止痛。逐水腫，除胃中熱痰。下瘀血。散五臟結積。炒爲屑。治胃中熱。除痺去腫。止腹脹消穀。
【食用】煮食則涼。炒食則熱。作腐則寒。作鼓則冷。造醬及生黃卷則平。多食令人體重。同豬肉食。令生內疾。小兒同豬肉餅食。令壅氣腹痛不止致死。十有八九。年十歲以上不妨也，服萆麻子忌炒黑豆。犯之脹滿死。服厚朴者。忌之。動氣也。

稗

【性味】辛。甘。苦。微寒。無毒。

【効能】煮食。益氣。宣脾。能殺蟲。

【食用】煮食。或磨粉作餅餌食。

粳米

【性味】甘。苦。平。無毒。

【成分】蛋白質七・八。脂肪二・一。灰分一・二。除去水分之時。則其成分蛋百質爲第一。脂粉次之。灰分又次之。蛋白質與雞卵之白相同。爲第一滋養人體之物。其他二成分。亦不可缺少。多數食物中。米爲最要。因其蛋白質。同於肉類雞卵之蛋白質。有同一之効能。其脂肪有強壯身體使之肥滿之效。而其消化，大抵於一小時後。已竟其功。

【効能】補肺脾。益腸胃。專作滋養品。

【食用】新米乍食動風氣。陳米下氣易消。病人尤宜。同馬肉食發痼疾，同蒼耳食卒心痛。急燒倉米灰和蜜調服解之。不爾則死。凡嗜生米成米瘕。飯落水缸中腐則發泡浮水。悞食即發惡瘡。北粳涼。南粳溫。赤粳熱。白粳涼。新粳熱。陳粳涼。生性寒。熟情溫。

香稻米味性輭其氣香甜。紅者爲香紅蓮早熟。晚熟者爲香稻米。

蜀黍

【性味】甘。澀。無毒。

【効能】溫中。澀腸胃，止霍亂。黏者功與黍同。

【食用】磨粉作飯。又可釀酒。稍堪作帚。莖可織箔席，編籬作薪。其穀殼浸水色紅。可以紅酒。博物志云地種蜀黍。年久多蛇。

綠豆

【性味】甘。寒。無毒。

【成分】含有蛋白質。脂肪。糖類等。

【効能】消積熱。解百毒。煮食消腫下氣壓。

【食用】煮食充飢。宜連皮煮。去皮則令人少壅氣。因皮寒而肉平。反榧子能害人。合鯉魚鮓食久令人肝黃成渴病。花能解酒毒。綠豆粉甘。涼平。無毒。勿近杏仁。近則碎爛。不能作索。

稷米

【性味】甘。寒。無毒。

【成分】含有多量糖質與水分。

【効能】和胃健脾。益氣。補不足。涼血清暑。爲緩和滋養品。

【食用】炊飯食。多食發二十六種冷氣病。不可與瓠子同食。發冷病。但飲黍穰汁卽瘥。又不可與烏頭附子天雄服勿同馬肉食。

豌豆

【性味】甘。平。無毒。

【効能】治消渴。調營衛。益中平氣。煮食下乳汁。澡豆去䵟黯。令人面光澤。

【食用】煮食或作醬用。多食發氣病。薇即野豌豆。性味甘。寒。

穇

【性味】甘。濇。無毒。

【效能】補中。益氣。厚腸胃。充飢。

【食用】炊粥飲食。大便閉結者勿食。

蕎麥

【性味】甘。平。寒。無毒。

【效能】含有一種加里性。且有黏滑性。功能潤腸裏而通大便。吸收於血中。則循行黏膜入腎而有利尿之效。

【食用】磨粉作食品。均可口。惟脾胃虛寒者。食之大脫元氣。落眉髮。多食難消動風氣。令人頭眩作麪和豬羊肉熱食不過八九頓。即患熱風鬚眉脫落。還生亦稀。涇邠以北人多此疾。勿同雉肉黃魚食。與諸礬相反。近服蠟礬等丸藥者忌之。悞食令腹痛致死。蕎麥穬作薦辟壁蝨。

穬麥

【性味】甘。微寒。無毒。

【效能】輕身。除熱。久服令人多力健行。作蘖溫中消食。

【食用】作餅食良。暴食似脚輭。動冷氣。久乃益人。

穭豆（即小黑豆）

【性味】甘。溫。無毒。

【效能】去。賊風風痺。婦人產後冷血。炒令焦黑及熱投酒中。漸漸飲之。幷有壯筋骨。止盜汗。補腎。活血。明目益精。

【食用】入鹽煮。久食大能補腎。餘參看黑豆條。

糯米

【性味】甘。温。無毒。

【効能】補肺。健脾。温中。令人多熱。大便堅。爲滋養強壯品。以駱駝脂作煎餅食。療痔疾。作凍米食。止瀉補脾。熱米泔可解鴨肉毒。

【食用】煮粥作飯作餅餡。均佳。多食發熱。壅經絡之氣。令人身輭。筋緩。久食。發心悸及癰疽。瘡癤。中痛。同酒食之令醉難醒。糯性粘滯難化。小兒病人更宜忌之。姙婦雜肉食之。令子不利。生瘡疥寸白蟲。馬食足重。小貓食之。足屈不能行。人多食發風動氣。昏昏多睡。同雞子雞肉食。生蚘蟲。

蠶豆

【性味】甘。平。無毒。

【効能】益脾。和中。悞吞金、銀、銅、鐵入腹。以蠶豆和韭煮食。自大便出。其苗葉能醒酒。

【食用】爲用甚廣。又可磨粉。燙皮搓索。多食滯氣成積。發脹作痛。胃弱之人及小兒尤不宜多食。

草部

刀豆

【性味】甘。平。無毒。
【効能】下逆氣。止呃噦。益腎補充。有袪痰滋養之功。
【食用】嫩時煮食。蜜食。醬食皆佳。同豬肉雞肉食尤佳。其子多食令人氣閉頭脹。

大茴香

【性味】辛。平。無毒。
【成分】爲揮發油（呼大茴香油）。綠性固油樹脂越幾斯萍果酸石灰糖質單寧等。
【効能】袪寒濕。治疝。痛并治神經衰弱之消化不良症。功能刺激胃腸之血管。使精神奮興。全身血液流動增加。故可用作健胃及驅蟲藥。
【食用】煮臭肉。下少許即無臭氣。臭醬入末亦香。制魚肉腥臊冷滯諸毒。

大麻仁

【性味】甘。平。無毒。
【効能】潤燥。通大便。殺蟲塗諸瘡。在胃中不起何等變化。入腸即激腸之粘膜使分泌多蠕動加速同時又能限止腸內水分。不使吸收。故用爲通利二便及難產催生藥。但不宜多食。多食損人血脈。滑精氣。痿陽氣。婦人多食。即發帶疾。
【食用】用帛包浸沸湯中。冷取出。垂井中一夜。勿沾水。次日取出曝乾。於瓦上挼去殼取仁。每一升。入白羊脂七兩。蜜蠟五兩。白蜜一合。和杵蒸食之。能不飢耐老。大麻仁酒。以仁一升。於銀器中慢火炒香熟。入木臼中搗成細粉。分作十劑。每劑用家釀無灰酒一碗。入砂瓶內細擂。煎減半。空心溫服。能治骨髓風毒。疼痛不可運動。輕者四五劑。重者不出十劑。效不可言。大麻仁粥。以仁半升。研碎。水濾取汁、入粳米二合。煮稀粥。入葱。椒。鹽。豉。空心食。能治風水腹大。腰膝重痛。不可轉動。

大蒜

【性味】辛。温。有毒。

【成分】含有揮發性之含硫油及大蒜油。蔗

糖。澱粉。

大蒜中有一種名亞黎青原素。殺菌力雖不及青黴素。但能殺青黴素不能殺的菌。并且不爲菌體所分泌的對位破基笨甲酸而失效。

【効能】辟機。通竅。消癰腫。治關格。及肺結核。爲鎮咳。祛痰。利尿劑。凡氣管枝炎。肺炎。痰喘傷寒。斑疹傷寒。白喉均可食。入胃後被胃酸化合。而所含各質均漸次分解刺激胃粘液。使胃液分泌有加。以促進其消化功能。至腸復激腸粘膜。使腸壁之吸收驟增。故能治一切不消化症之瀉痢。由腸壁吸入而達血中。即能促進血液之流動。同時由中樞神經。而傳於氣管支神經。令氣管支四周之粘膜。分泌有加。以迫痰之外出。每日少量食之。有清血預防傳染功効。
【食用】子苗皆可鹽藏。或以調味。性味亦相似。不可多食。多食生痰動火。散氣耗血。損目昏神。忌與蜜同食。

小茴香

【性味】辛。溫。無毒。
【効能】祛冷。療疝。和五味。止霍亂嘔逆。
【食用】苗可和雞蛋炒食。下氣。利膈。子可加入醬中。

小　蒜

【性味】辛。溫。有小毒。
【効能】下氣。治蟲毒。爲吐蟲要劑。
【食用】葉和煮食物。三月勿食。傷人志性同魚膾雞子食。令人奪氣。陰下疼。有脚氣。風病。及時病後忌食。生食增恚熟食發婬穢道家認爲五葷之一。謂有損性靈也。一云與蜜相反。

小薊苗

【性味】甘。溫。無毒。
【食用】作菜食。除風熱。夏月熱煩不止搗汁半升服立瘥。

山　丹（一名紅百合又名紅花菜）

【性味】甘。涼。無毒。
【食用】炒食。煮食皆宜。并可磨粉和糖食。苗僅入藥。食其根。類似百合而瓣少。

山百合

【性味】甘。平。無毒。

【効能】清痰火。補虛損治肺癰。取白花者搗汁酒和服癰疽無頭。同鹽搗敷。

【食用】煮食。和肉炒食皆宜。蜜蒸尤佳。山中人以之製粉售於市。但多攙雜薯粉。至其益人之功。勝於人力種植。

山韭

【性味】鹹。寒。澀。無毒。

【効能】宜腎。療大小便數。去煩熱。治毛髮。能治老人脾胃虛弱飲食不強。用山韭四兩。鯽魚肉五兩。煮羹。下五味。并少麪食。極有補益。

【食用】與家韭相類。宜忌亦與家韭相類。

山茨菰

【性味】甘。微辛。有小毒。

【効能】解熱毒。療瘡瘍。專作瘡毒癰腫藥又解諸毒藥。

【食用】茨菰根如卵堪供食用 。多食發虛熱。及腸風痔漏崩中帶下令冷氣腹脹生瘡癤脚氣患癱瘓風。損齒。失顏色。皮肉乾燥。卒食之使人乾嘔孕婦忌食能消胎氣小兒食多令臍下痛。以生薑同煮可解毒。勿同吳朱萸食。

山蒜（石蒜澤蒜同類）

【性味】辛。溫。無毒。

【効能】山蒜治積塊及婦人血瘕。用根葉煮食。治噎膈有効。

【食用】炒食煮食皆宜。和肉食尤美。其宜忌與大蒜相同。

山薑

【性味】辛。熱。無毒。

【効能】腹中冷痛。煮服甚效。作丸散服。辟穀止飢。

【食用】根苗皆可煮食。但有樟木氣。其花用鹽水淹藏。入糟中。經冬如琥珀色。辛香可愛。用爲膾。甚美。

山藥

【性味】甘。平。無毒。

【成分】山藥之有效成分。尙未詳悉。其根中之黏質物。謂之苗生第一種蛋白質。其所含之量。在乾根中。約有八%。若依營養上之分析。則水分八〇、七四。蛋白質二、四〇。脂肪〇、一六。炭水化物一五、〇九。纖維〇、九〇。灰分〇、六四。

【効能】濇精。止帶。理瀉。治痢。爲滋養強壯品。

【食用】「煮食補脾腎。調二便。強筋骨。豐肌體。辟霧露。淸虛熱旣可充糧。亦堪入藥。」若乾爲粉以蜜或砂糖調服。甚甘美。但有積滯人勿食。同鯽魚食不益人。同麪食動氣。忌鐵器。

山藥酒。主治。諸風眩暈。益精髓。壯脾胃。

山藥粥。主治。補腎精。固腸胃。

川薑

【性味】辛。熱。無毒。

【効能】袪胃寒。除冷積。散寒癖。豁痰氣。

【食用】生熟可喫。用以調味亦良。其不可多食。與諸種同其損害。

天門冬

【性味】苦。平。無毒。

【効能】滋腎水。潤肺燥。治肺痿肺癰。療咳嗽消渴。用作強壯藥。治與衰老者。神經衰弱者。肺結核者。又爲袪痰鎮咳藥。用於輕症之咳嗽。

【食用】煮食久服令人肌體滑澤白淨。除身上一切惡氣不潔之疾。又可蜜餞爲果品。凡脾胃虛而泄瀉者勿服。忌鯉魚。

天門冬膏去積聚風痰。補肺。療咳嗽失血。潤五臟。殺三蟲伏尸。除瘟疫。輕身益氣。令人不飢。「製法」天門冬流水泡過。去皮心。搗爛取汁。砂鍋文武炭火熬。勿令大沸。熬至十分之三入蜜數兩。滴水不散。取出。埋土中七日。去火毒。每日早白湯調服一匙。若動大便。以酒調服。

天門冬酒潤五臟。和血脈。久服除五勞七傷。癲癇惡疾。

水芹菜（旱芹性味略同）

【性味】甘。平。無毒。

【成分】含多量之鐵。食之能淸潔血液。

【効能】治女子赤沃。止血養精。保血脉。益氣。令人肥健嗜食。又能殺丹石毒。

【食用】置酒醬中香美。煮食勿大熟。和醋食損齒有鱉瘕人勿食。春秋二時。宜防蛇虺遺精入芹菜中。悞食令面手發青。胸腹脹痛。成蛟龍瘕。服餳餹二三碗。日三度。吐出便瘥。

一種赤芹有毒忌食。

水苦蕒

【性味】微苦。辛。寒。無毒。

【効能】治風熱上壅。咽喉腫痛。

【食用】莖葉嫩時可供菜茹。脾胃虛寒者勿食。不可合蜜食。令人作內痔、

冬瓜

【性味】甘。微寒。無毒。

【成分】冬瓜有百公分中有九十六公分是水。半公分蛋白質。十九公絲鈣質。四公分鐵質。四至九公絲丙種維生素。冬瓜的鈣質和鐵質。各多於西瓜含量。而西瓜之熱量三倍於冬瓜。

【効能】祛濕。瀉熱。消腫。有利尿作用。切片摩痱子甚效。

【食用】除煮食佐餐外。可用蜜餞糖醃以爲果品。陽臟人食之肥。陰臟人食之瘦。煮食練五臟下氣。冷者食之瘦人。九月食之。令人反胃。陰虛久病及反胃者忌食之。瓜子久食寒中。欲得體瘦輕健者。可長食之。欲肥則勿食。

冬葵苗

【性味】甘。寒。滑無毒。

【効能】煮汁服。利小便。除時行黃病。乾爲末及燒灰服治金瘡出血。解丹石毒。

【食用】作菜茹甚甘美。故爲百菜之王。但性滑利。脾胃虛寒泄瀉者勿食。同黍米。同鯉魚。及魚鮓食。幷害人。時病後食之。令目暗。勿同沙糖食。姙婦食之令胎滑。其心有毒忌食。莖赤葉黃者勿食。生葵發宿疾。與百藥相忌蜀葵苗亦可食。但久食鈍人心志。大嚙者食之永不瘥。合猪肉食。令人無顏色。蒜葵

須用蒜。無蒜勿食之。葵性雖冷。若熱食之令人熱悶動風氣。四月勿食發宿疾。

玉瓜

【性味】甘。平。無毒。

【効能】補中益氣。舒鬱化滯。消食。清大小腸火生津滋血。和營衛。熟食。補脾健胃。

【食用】生熟食。均甘美。宜忌待考。

甘菊苗

【性味】甘。苦。微寒。無毒。

【効能】平肝熄風。降火除熱。去翳膜。療目疾。逐遊風。散濕痺。

【食用】生熟可食。故可爲菜茹。眞菊益人。野菊傷胃損人。

甘蔗

【性味】甘。微寒。無毒。

【効能】止渴。潤燥。解酒。除熱。

【食用】供果饌。與榧子同食則渣軟。多食發虛熱。動衄血。同酒食發痰。燒蔗渣烟最昏目。宜避之。

甘藍

【性味】甘。平。無毒。

【成分】富滋養分。且富於磷之成分。足爲清血劑。

【効能】久食大益腎。塡髓腦。利五臟六腑。利關節。通經絡中結氣。心下結伏氣。明耳目。健人。少睡。益心力。壯筋骨。作葅。經宿色黃。和鹽食。治黃毒。

【食用】煮食甚甘美。近人張山雷謂爲清劑

熱結之品。據此則虛寒人不宜。

生瓜菜

【性味】甘。微寒。無毒。

【効能】除陽毒傷寒壯熱。走注攻頭面四肢。頭痛。心神煩燥。利胸膈。均擣汁飲之。又生擣貼腫。

【食用】作蒣茹佐饌。脾胃虛寒人勿多食。

生薑

【性味】辛。微溫。無毒。

【成分】含有揮發油軟性樹脂。越斯幾質。澱粉。巴蜀朴等。按其有效成分爲揮發油。其含量不定。大約爲一%至二%之淡黃色揮發油液。沸騰點爲百六十度。其餘爲纖維等。

【効能】散寒。發表。止嘔。開痰。刺激胃神經。使胃之分泌增多。蠕動加速。又能刺激小腸。使腸之糜乳管。吸收加強。并能減少其分泌。故用作止吐健胃品。并能去穢惡。

【食用】蜜餞醋醃。用供果饌。且以調味。但多食損心氣。發目疾。五痔。失血。凡患瘡瘍人食之長惡肉。姙婦多食生薑。助胎熱。令子生瘡疥。或生多指。多食辛辣。皆能損胎。夜不食薑。免耗眞氣。忌同牛肉豬肉馬肉兎肉食。秋薑宜少食。能瀉氣。夭年。乾薑久食令人目暗。姙婦食之令胎內消。糟老薑入蟬蛻則無筋。生薑粥調中辟惡。

白芥子

【性味】辛。溫。無毒。

【成分】含有揮發性之油質。苛烈燒灼之味。

【効能】利氣。豁痰。通經絡。蠲腫痛。用爲袪痰品。又可爲利氣鎭痛品。又有能使皮膚發泡之性。又可殺生冷魚腥毒。

【食用】研末以水調。密封半時許。供調味用。多食動火。昏目。泄氣。傷精。內熱人忌食。勿同雞肉食。白芥莖葉性與功用略同。或炒或煮。或醃。以佐餐。多食昏目。動風。發氣。同鯽魚食。患水腫。同兎肉鱉肉食成惡食。有瘡瘍痔疾便血者忌之。生食發丹石毒。細葉有毛者害人。芥薹多食。動火。生痰。發瘡。動血。酒後食多緩人筋骨。

白花菜

【性味】苦。辛。微毒。

【効能】下氣煎水洗痔。搗爛敷風濕痺痛。擂酒飲止痛。

【食用】煮以供饌。多食動風氣。滯臟腑。困脾。發悶。不可與猪心肺同食。

白扁豆

【性味】甘。微溫。無毒。

【成分】每百公分（約三兩餘）。鮮扁豆的莢。約含有蛋白質二公分餘至三公分餘。鈣質八十餘至一百餘公絲。鐵質一至三公絲。每百公分乾老扁豆。豆粒含有蛋白質十八至二十五公分餘。鈣質一百公分餘。鐵質八公絲餘。其蛋白質含有離錏基酸。色錏基酸。穌錏基酸等重要錏基酸。屬於佳良蛋白質。可與肉類的蛋白質抗衡。每百公分鮮扁豆。含有甲種維生素原的量。約等於五百餘至一千國際單位。乙種一維生素約五百公微至一公絲。丙種維生素約八十至三十餘公絲。庚種維生素約十餘至二十餘公微。

【効能】補脾。止瀉利。化濕。治帶濁。用作治霍亂藥。又爲解酒毒藥。

【食用】嫩時連莢炒食。可以佐餐。去皮煮食。則顯補脾等功用。患冷氣及寒熱病者勿食。瘧疾人尤忌。

白脂麻

【性味】甘。大寒。無毒。

【効能】治虛勞。滑腸胃。行風氣。通血脉。去頭上浮風。潤肌肉。食後生啜一撮。終身勿輟。又令乳母服之。孩子永不生病。客熱可作飲汁服之。生嚼敷小兒頭上諸瘡良。參看胡麻條。

【食用】生熟可食。生性寒。熟性温。多食滑腸。損人肌肉。霍亂及泄瀉者勿食。其汁停久者飲之發霍亂。其油可以供烹調用。

白苣

【性味】苦。寒。無毒。

【効能】補五臟。稍筋骨。開胸膈壅氣。通經脉。止脾氣。令人齒白。聰明。少睡。

【食用】可煮食。生食尤佳。故一名生菜。不可同酪食。生蟲蠹。多食令小腸痛。患冷氣者勿食。產後食之。腹冷作痛。

白菜

【性味】甘。温。無毒。

【効能】通利腸胃。除胸中煩。解酒毒。

【食用】煮食醃食均佳。入生薑爲良。多食發皮膚瘙癢。胃寒人多食惡心吐沫。作瀉。夏至前食多發風動疾。有足病人忌食。藥中有甘草忌食。令人病不除。服蒼白朮人忌食。

白蒿

【性味】甘。平。無毒。

【効能】補中益氣。長毛髮令黑。療心懸。五臟邪氣風寒濕痺。

【食用】生挼醋醃爲葅食。甚益人。同魚鮓食發消渴病。令人健忘。性能去惡血。不可久食。恐血盡也。

石防風

【性味】辛。甘。

【効能】治頭風眩痛。

【食用】以嫩苗作菜食。辛甘而香。多食令人耗神。

石花菜

【性味】甘。鹹。大寒。滑。無毒。

【効能】去上焦浮熱。

【食用】煮汁凝膠。製成白條。以醬醋調食。最脆美。多食弱陽。發下部虛冷。有寒積人食之。令腹痛。

石胡荽（俗名鵝不食草）

【性味】辛。温。無毒。

【効能】通鼻氣。利九竅。吐風痰。療痔疾。去目中翳障。汁制砒石雄黃。

【食用】可以爲菜茹。多食耗精傷神。其餘宜忌與胡荽同。

石蒜

【性味】辛。甘。温。有小毒。

【成分】含有里可林。百分之〇、五。及賽扣撒寧。百分之〇、〇七至〇、〇八之兩種植物鹽基。
【効能】探吐中毒。搗敷瘡腫。用作催吐藥治瘡藥。
【食用】取其球莖製造澱粉。可供食用。不可多食。

石蓴

【性味】甘。平。無毒。
【効能】風祕不通。五膈氣。幷臍下結氣。煮汁飲之。胡人用治瘧疾。
【食用】可以供饌。不可多食。

石蕊

【性味】甘。溫。無毒。
【効能】明目。益精氣。令人不飢渴。解熱。化痰。
【食用】春日採取晒乾。謂之雲茶。其色白。輕薄如花蕊。氣香如蕈。味甘濇如茗。故爲佳品飲料。

石龍芮葉（俗名胡椒菜）

【性味】甘。寒。無毒。
【効能】除心下煩熱主寒熱。鼠瘻。瘰癧。生瘡。結核。聚氣。下瘀血。止霍亂。生搗汁半升服。能殺鬼毒。即吐出。
【食用】三四月採葉。淪過。晒乾。蒸爲黑色。以爲菜蔬。胃寒及腹冷人忌食。

地椒

【性味】辛。溫。有小毒。
【効能】淋渫腫痛。可作殺蛀蟲藥。
【食用】地椒實煮羊肉食。甚香美。

地楊梅

【性味】辛。平。無毒。
【効能】治赤白痢。取子莖煮湯服。
【食用】本品子似楊梅。可食。

地膚苗

【性味】苦。寒。無毒。
【効能】搗汁或燒灰服。止赤白痢。煎水洗目。去熱暗。雀盲。濇痛。又濕熱淋病搗自然汁飲。
【食用】採取嫩芽。用水煮熟。取出調以香油供饌用。中寒及小便多者勿食。

灰滌菜

【性味】甘。平。無毒。
【効能】殺刺毛蟲蜘蛛咬毒。
【食用】葉可作蔬供饌。子可磨粉炊飯。

百合

【性味】甘。平。無毒。
【効能】潤肺。止嗽。用為解熱鎮咳藥及傷寒病後百合病藥。
【食用】鮮者煮食和肉更美。乾者磨粉食益人。

羊蹄葉（俗名牛舌菜）

【性味】甘。滑。寒。無毒。
【効能】殺小兒疳蟲。胡夷魚。鮭魚。檀胡魚毒。止痒。
【食用】可作蔬菜食。多食令人滑大腸。下氣。

西瓜

【性味】甘。淡。寒。無毒。
【成分】每百公分。（三兩餘市秤）含有九

十公餘公分水。半公分蛋白質。六公分餘糖類。三十餘「卡」（是熱量單位名稱一大卡的熱量。能供二公斤水。升高攝氏表一度）熱量、六公絲（一千公絲。爲一公分五百公分爲一市斤）鈣質十公絲燐質。二公忽（十公忽爲一公絲）鐵質。西瓜又每百公分中含有五十至一千國際單位甲種維生素原。三至四公微（百公微爲一公絲）乙種維生素。六至八公絲。丙種維生素。三至四公絲庚種維生素。

【効能】消暑。止渴。利尿。

【食用】署天食之。涼沁心脾。故昔人有醍醐灌頂。甘露灑心之譽。以瓜劃破曝日中少頃。即冷如冰。或以冰箱貯之亦佳。但胃弱者不可食。多食作吐利。發寒疝。成霍亂。冷病。同油餅食損脾氣。食瓜後食其子。不噫瓜氣。藏瓜勿近糯米沾酒氣。菰踏之則易沙。

孝文韭

【性味】辛。溫。無毒。

【効能】除腹內冷。腹滿。洩痢。腸澼。溫中補虛。令人能食。

【食用】與家韭同相。

旱芹菜

【性味】甘。寒。無毒。

【効能】除心下煩熱主寒熱。鼠瘻。瘰癧。生瘡結核。聚氣。下瘀血。止霍亂。

【食用】性滑利。脾胃弱者及腸滑者勿食。一種黃花者有毒殺人。即毛芹也。

沙角

【性味】甘。平。無毒。
【効能】補中益氣。解酒。壓丹石。生食之。
【食用】本品乃菱芰實角之小者。止有兩角。而色紅。大補脾土。而不滯氣。

沙葱

【性味】辛。溫。無毒。
【効能】寬中下氣。消食解肌活血發汗。表風寒。滌宿滯。
【食用】醃之調羹食味佳。有一種沙葱草與本品相似。但折之不易斷。若悞食令人心迷亂。

芋子（俗名芋艿）

【性味】辛。甘。平。滑。有小毒。
【効能】令人肥白。開胃通腸閉。產婦食之破血。煮汁啖之。止渴。久食治人虛勞無力。煮汁洗膩衣白如玉。
【食用】冬月食不發病。他時月不可食。和鯽魚鱧魚作臛良。生食味蘞有毒。因性滑下。服餌家所忌。多食困脾。動宿冷。滯氣。難尅化。紫芋破氣。野芋形葉與家芋相似。有大毒。能殺人。誤食煩悶垂死者。以土漿及糞清大豆汁解之。

邪蒿

【性味】辛。溫。平。無毒。
【効能】煮熟和醬醋食。治五臟惡邪氣。厭穀者治脾胃腸癖。大渴熱中。暴疾惡瘡。
【食用】作羹食良。生食微動風。不與胡荽

同食。令人汗臭氣。
本品色似青蒿。葉紋皆斜。根莖葉皆可茹。

刺蔆

【性味】甘。平。無毒。
【効能】生食補脾。健胃。止渴。生津。平肝氣。通腎水。益血。消食。老者煮食。健脾止瀉痢。
【食用】刺蔆性能通達肝腎。凡一切病多忌生冷。惟此不忌食。而最能開胃生津。其末曝乾。可供茶點。
本品乃小菱。有四角。尖如針芒刺手。故名。西湖六橋一帶多有之。

孟娘菜（別名魚醒草）

【性味】苦。小澀。無毒。
【効能】治婦人腹中血結羸瘦。男子陰囊濕痒。強陽道。補虛弱。去痔瘻瘰瘤。
【食用】可作菜茹。

昆布

【性味】鹹。寒。滑。無毒。
【成分】含有碘一、二三%。灰二一、二一%。水二三、〇三%。粗蛋白七、二%。粗脂肪〇、八七%。無氮物四七、七%。纖維一〇、六九%。
【効能】消癭瘤水腫。破積聚痰結。用作破堅品。又治淋巴腺炎。肋膜炎。初期黴毒。在胃中僅將含有之碘質。分出幾許。而合成碘化物。至腸始次第吸收至血中。能樸滅血中之病原菌。及腐敗質。又能促進細胞之新陳代謝作用。且可將一切黏膜之滲透汁重吸收之。故有退炎之功。

【食用】可作菜茹。但下氣。久服瘦人。凡脾胃虛寒者勿食。不可與甘草同食。

東風菜

【性味】甘。寒。無毒。

【効能】治風毒壅熱。頭痛目眩。肝熱眼赤。

【食用】作羹臛食佳。有冷積人勿食。

芡實

【性味】甘。平。濇。無毒。

【成分】含有多量澱粉。

【効能】補脾治帶濁益腎。療遺精。爲強壯滋養品。

【食用】蒸煮均可。但宜極熱。生食多動風冷氣。熟食過多。不益脾胃。兼難

消化。小兒多食。令不長。其莖嫩時可茹。能清諸熱。根可煮食。侵歲濟飢。以實磨粉調食。則益精氣。強智力。靈耳目。固精添髓。凡大小便不利者禁食。

芥菜

【性味】辛。温。無毒。

【効能】通肺。豁痰。利膈。開胃。明耳目。除腎經邪氣。

【食用】可作菜茹多食昏目動風發氣。同鯽魚食患水腫同兎肉鱉肉食。成惡瘡。病有瘡瘍痔疾便血者忌之。生食發丹石毒。細葉有毛者害人。芥薹多食。助火。生痰。發瘡。動血。酒後食多緩人筋骨。芥子性味辛熱。多食動火。昏目。泄氣。傷精勿同雞肉食。

芭蕉

【性味】甘。大寒。無毒。

【効能】清胃火。解熱毒。止渴。消水腫。

【食用】子名香蕉性味相同。不益人。多食動冷氣。蕉心嫩白可爲葅食。不宜多食。

芮草

【性味】甘。寒。無毒。

【効能】作飯去熱。利腸胃。益氣力。久食不飢。

【食用】其子成熟。形似麥子。以炊飯食。

金盞草

【性味】酸。微寒。無毒。

【効能】治腸痔下血不止。

【食用】葉嫩熱水泡過。油鹽拌食。

南瓜

【性味】甘。温。無毒。

【効能】和中。益氣。有殺蟲之効用。用以驅除絛蟲。

【食用】蒸食。味同番薯。炙食可以供饌。蜜藏可供果餌。和粉可作餅餌。加麴可以釀酒。多食發脚氣黃疸。同羊肉食令人氣壅。忌與猪肝赤豆蕎麥麪同食。

胡荽

【性味】辛。温。微毒。

【成分】百分中有揮發油一分。脂肪油十三分。餘爲蛋白質。單寧酸等。

【効能】解穢殺蟲。消食下氣。殺魚腥。發痘疹。通小腹氣。拔四肢熱。

【食用】以之和味。多食傷神。健忘。出

汗。有狐臭。口氣。䘌齒。脚氣。金瘡者。倂不可食。久病人食之脚軟。同斜蒿食。令人汗臭難瘥。根發痼疾。凡服一切補藥。及白朮牡丹皮者忌之。勿同豬肉食。姙婦食之難產。凡病皆忌。子性味功用同。

胡麻葉

【性味】甘。寒。無毒。

【效能】除五臟邪氣。風寒溼痺。益氣。補精髓。堅筋骨。久食耳目聰明。不飢不老。

【食用】以作菜茹。多食令人滑利。

胡葱

【性味】辛。温。無毒。

【效能】温中。下氣。消穀。能食。殺蟲。

利五臟不足氣。

【食用】以之和味。久食令人多忘。損目明。絕血脉。發痼疾。患狐臭䘌齒人食之增劇。同青魚食生蟲蛔。四月勿食。令人氣喘。多驚。服地黃何首烏常山者忌食。忌諸葱。與蜜相反。

胡蘿蔔

【性味】甘。辛。微温。無毒。

【成分】含有水分精分及微量之灰分。於蔬菜中精分最強。微有苦味。尤有養腎之特效。其赤色素據化學之分析爲一種炭氣化合物名 Cawtin ($C_{20}H_{36}$) 之結晶物有催眠性與番茄辣椒及柿之赤色素相同更含多量之生活素A富滋養分。

【效能】利胸膈。調腸胃安五臟令人健食。

【食用】常食之去惡血。貧血者每日二次食之。二三月後。顏色爲櫻桃色。患肺病人榨汁食。神効。呼吸器。患者燒焦食之。可止咳。供菜茹有益無損。

苜蓿

【性味】苦。平。濇。無毒。

【効能】利五臟。輕身健人。洗去腸胃間邪熱氣。通小腸諸惡熱毒。

【食用】煮和醬食。亦可作羹。合蜜食令人下痢。多食瘦人。

苡仁

【性味】甘。微寒。無毒。

【成分】含有蛋白質。麸質。脂肪。炭水化物。石灰質。燐質等。

【効能】生除濕熱。熟止瀉利。健胃。除腎臟炎。利尿。

【食用】煮食炒食均宜。筋急者不可食用。其性善下行。姙婦食之墮胎。

苦瓜

【性味】苦。寒。無毒。

【効能】除邪熱。解勞乏。淸心。明目。

【食用】苦瓜有長短二種。鮮時燒肉。雖盛夏而肉汁能凝。中寒者勿食。熟則色赤。味甘性平。養血滋肝。潤脾補腎。

苦菜

【性味】苦。寒。無毒。

【効能】除五臟邪氣。厭穀。胃痺。久服安心益氣。聰察。少臥。輕身耐老。白汁點丁腫拔根。滴癰上立潰。飲汁除面目及舌下黃。

【食用】家種者爲苦苣。不可合蜜食。令人生內痔。脾胃虛寒者忌食。蠶婦不可食。令蛾子青爛。野苣以水泡五六回後。味反甘滑。勝於家苣。

苧麻葉

【性味】甘。寒。無毒。

【効能】散瘀血。

【食用】取嫩葉充蔬茹。或以米粉和作餅餡。

茄子

【性味】甘。淡。寒。有小毒。

【効能】活血。止痛。消癰腫。殺蟲。已瘧。寬腸。治傳屍勞。癥疝。

【食用】炙食甘滑。葷素皆宜。醃晒亦可。多食動風氣。發痼疾。腹痛下利及瘡疥虛寒脾弱者勿食。患冷人尤忌

秋後食茄損目。同大蒜食發痔漏。女人能傷子宮。令無孕。蔬中惟此無益。

韭

【性味】辛。微酸。溫。濇。無毒。

【成分】含揮發油。此油之主要成分。爲硫亞立耳。

【効能】散瘀。活血。在腸內有消毒之作用。故治大腸炎之下痢。亦治諸種出血。及噎膈反胃。又有興奮神經功能。

【食用】供菜茹。春食香益人。夏食臭。冬食動宿飲。五月食之。昏人乏力。冬天未出土者名韭黃。窖中培植者名黃芽韭。食之滯氣。經霜韭食之令人吐。多食昏神暗目酒後尤忌。有心腹痼冷病者。食之加劇。熱病

後十日內食之能發困。不可與蜂蜜及牛肉同食。成癥瘕。食韮口臭。諸糖可解。

香芋

【性味】香。甘。無毒。

【効能】壯陽。強胃。久服令人多男。

【食用】煮食香甜可口。多食泥膈滯氣。小兒及產婦尤宜少食。

倒捻子（俗名都念）

【性味】甘。美。

【効能】治痰嗽。噦氣。暖腹臟。益肌肉。

【食用】供果饌。

海藻

【性味】苦。鹹。寒。無毒。

【効能】瀉熱。散結。化痰涎。消癭瘤。爲

軟堅利尿之品。幷能起男子陰。消男㿉疾。

【食用】供饌用。凡脾胃虛寒而有濕滯者勿食。與甘草反。

海帶

【性味】鹹。寒。無毒。

【効能】治水病。消肉食。餘同海藻。

【食用】煮以佐餐。用銅器煮易爛。用豬肉煮豬肉易爛餘同海藻。

烟草

【性味】辛。溫。微毒。

【成分】主要成分爲尼古丁。尼可却丁。其灰分中則含有加里石灰酸。化里胃謨等。

【効能】宣陽氣。行經絡。祛山嵐瘴氣。寒濕陰邪。排穢殺蟲。

【食用】生者有毒。食之卽中毒難治。其油更烈。凡陽盛氣越。多燥多火。氣虛氣短多汗者皆不宜吸。

益母草

【性味】辛。平。無毒。

【効能】破血。產後腹痛。煮汁飲。

【食用】嫩苗可作菜茹。血虛者及崩中者忌食。

眞珠菜

【性味】甘。潤。無毒。

【効能】利水。下氣。消腹脹。通淋結。

【食用】用蜜熬食 。以醋煮可致千里不壞。氣虛及小便頻數者勿食。

秦荻藜

【性味】辛。溫。無毒。

【効能】下氣。消食。去心腹冷脹。

【食用】以醬醋和食。加入生菜中最香美。

茭白

【性味】甘。冷。滑。無毒。

【効能】止煩渴。除目黃。利太小便。止熱痢。雜鯽魚爲羹食。開胃口。解酒毒。

【食用】佐餐用。得肉食味鮮美。惟性冷滑。食多令下焦冷。同生菜蜂蜜食。發痼疾。捐陽道。服巴豆人忌食。

茳芒

【性味】甘。平。無毒。

【効能】調中除痰。止渴。令人不睡。

【食用】莖葉味甘而滑。可作酒麴。嫩時采以爲茹。及點茶食均甚香美。

茵陳苗

【性味】苦。平。微寒。無毒。

【効能】清濕熱。治黃疸。有解熱。發汗。淨血。三作用。爲治黃疸之特效品。

【食用】嫩苗可采爲茹。用水煮過泡去苦味。入香油調食。

茶菊

【性味】苦。微甘。平。無毒。

【効能】治頭目眩暈。平咳逆。解肌熱。清鬱火。益脾胃。其根能治疔毒。

【食用】入茶葉中用作飲料。

茼蒿

【性味】甘。辛。平。無毒。

【効能】安心氣。養脾胃。消痰飲。利腸胃。

【食用】供饌用。多食動風氣。薰人心。令人氣滿。

荊芥

【性味】辛。温。無毒。

【成分】含有揮發油與樹脂。其揮發油含有薄荷精。

【効能】利五臟。消食。下氣醒酒。

【食用】生熟皆可食。幷煮茶飲之。以豉汁煮服治傷寒能發汗。食久動渴疾。薰人五臟神。反驢肉無鱗魚。勿與黃顙魚同食。令人吐血。地漿水可解。與蟹同食動風。

草豉

【性味】辛。平。無毒。

【効能】辟惡氣。調中。益五臟。開胃。令

人能食。

【食用】供饌用。

馬齒莧

【性味】酸。寒。無毒。

【効能】瀉熱。消腫毒。赤白痢。赤白帶。痔瘡。禿瘡。諸種淋病。

【食用】煮食供饌。葉大者不可食。姙婦忌食。能墮胎。脾胃虛寒人。食之瀉痢。

馬鈴薯

【性味】甘。微。澀。溫。

【成分】富於滋養分。

【効能】充飢。

【食用】供饌用。和猪肉煮食。香美。當萌芽時常生一種毒汁集積於芽近傍。及皮下。此毒汁入胃。能刺激胃

腸下痢。若侵及腦部。誘起痲痺。昏睡。痙攣等。如姙婦食之。則促使流產。其更烈者。能使心臟活力減退。血液炭酸停滯而致死。故萌芽以後不可食。

按此物山人以充糧食。惟多食則面目浮腫。

馬蘭

【性味】辛。平。無毒。

【効能】破宿血。養新血。止鼻衄吐血。斷血痢。解酒疸及諸菌毒。生搗塗蛇咬。

【食用】嫩苗可作蔬茹。或作饅餡。幷可醃藏食。

鬼芋

【性味】溫。有毒。

【効能】療饑。
【食用】採得切成四片。入砂鍋磨作膏漿。煮爲膏。冷後又切成四片再煮。如是三四煮食之。

甜瓜

【性味】甘。寒。滑。有小毒。

【効能】止渴。除煩熱。利小便。通三焦間壅塞氣。治口鼻瘡。

【食用】供果饌。多食發虛熱痼疾。黃疸。及陰下溼痒生瘡動宿疾癥癖。損陽氣。下痢。令人虛羸。手足無力。惙惙氣弱。同油餅食作瀉。病後食之成反胃。患脚氣者食之難愈。食多解藥力。夏月過食。深秋瀉痢。最爲難治。凡瓜有兩鼻兩蒂者殺人。五月瓜沉水者。食之患冷病。令終身不瘥。九月被霜者。食之冬病寒熱。瓜性最寒。曝而食之尤冷。張華博物志云。人以冷水漬至膝。可頓啖瓜至數十板。漬至項。其啖轉多。水皆作瓜氣。食瓜傷腹脹者食鹽花易消。或飲酒。或服麝香水可解。

甜瓜子仁炒食補中宜人。

紫茉莉

【性味】微。甘。無毒。

【効能】治婦人乳癰。男子淋濁。及去風活血。

【食用】花可浸酒。其根三年不取。大如牛蒡。味甘如山藥。去其外皮鹽漬。以佐饌食。惟性稟純陰柔中帶剛久食恐骨軟。陽虛人尤忌食。

紫菜

【性味】甘。寒。無毒。

【効能】瘻瘤脚氣人宜食。熱氣煩塞咽喉。擣汁飲之。

【食用】供饌用 。 多食令人腹痛發風吐白沫。飲熱醋少許可解。其中防有小螺損人。須揀淨。

紫莧

【性味】甘。無毒。

【効能】治氣痢。殺蟲毒。療諸蛇螫傷。擣汁飲。幷以渣敷傷處。

【食用】參看莧條。

紫菫

【性味】苦。澀。

【効能】取汁煮雌黃。制汞。伏硃砂。擒三黃。

【食用】漂去苦澀味作菜茹。

紫蘇

【性味】辛。溫。無毒。

【効能】發肌表。散風寒。下氣・殺一切魚肉毒。

【食用】葉可作茶飲。又可作蔬茹。炒鱔魚和入。可殺毒又可調味。氣虛人勿飲食。

荸薺

【性味】甘。微寒。滑。無毒。

【効能】清熱。明目。化痰。消積。益氣。止渴。開胃。合銅嚼銅漸消。

【食用】供果饌。有冷氣人不可食。令腹脹氣滿。小兒秋月多食。令臍下結痛。勿同驢肉食令筋急。若作粉食。厚人腸胃不飢。又能解毒。服金石人宜之。更除肺胃溼熱。過飲傷風失聲。

萶菜

【性味】甘。冷。無毒。

【效能】消渴。去熱。利小便。擣汁服。療寒熱。

【食用】供菜茹。腹有寒氣及脾胃虛寒人勿食。

莧菜

【性味】甘。冷。利。無毒。

【效能】六莧并利大小腸。治初痢。滑胎。白莧能補氣除熱。通九竅。

【食用】煮食供饌。多食發風動氣。令人煩悶。冷中損腹。凡脾胃虛寒泄瀉者勿食。同蕨粉食生瘕。妊婦食之滑胎。臨月食之易產。不可與鱉同食。生鱉瘕。取鱉肉如豆大。以莧菜封裹埋土內一宿。即成小鱉形。

雪茶（一名白茶）

【性味】甘。苦。溫。

【效能】祛寒。治胃氣積痛。及痢疾。

【食用】以代茶作飲料。失血過多之人。胃必寒。最忌飲茶。惟此茶不忌。本品形如蓮芯。係一種草芽。產於雲南雪山終年積雪山地之旁。

魚腥草

【性味】辛。微溫。有小毒。

【效能】瀉熱解毒治肺癰及蛛蠼尿瘡。

【食用】葉可作菜茹。根可蒸食。多食令人氣喘。小兒食之。三歲不行。便覺脚痛。素有脚氣人食之。一世不愈。久食發虛弱。損陽氣。消精髓。

鹿角菜

【性味】甘。大寒。滑。無毒。
【效能】下熱風氣。療小兒骨蒸熱勞。治一切痞積痔毒。消熱痰如神。解麪毒。
【食用】冷食供饌。丈夫不可久食。發痼疾。損腰腎。經絡。血氣。能令人脚冷痹。少顏色。

鹿藿

【性味】苦。平。無毒。
【效能】治蠱毒。女子腰腹痛不樂。腸癰。瘰癧。瘍氣。
【食用】葉可作菜茹。子可磨粉蒸食。

壺瓠

【性味】甘。平。滑。無毒。
【效能】除煩。瀉心熱。潤心肺。消石淋。利水道。
【食用】炙食煮用供饌。多食令人吐利。發瘡疥。患脚氣。虛脹。冷氣者食之。永不除也。

壺盧

【性味】苦。寒。有毒。
【效能】利水道。
【食用】甘者可食。苦者不可食。俗謂以雞糞壅植或遭牛馬踏踐。則變而爲苦。

番蒜

【性味】辛。溫。無毒。
【效能】消鱉瘕。解食毒水毒。
【食用】供饌用。亦可生食。參看蒜條。

番藷

【性味】甘。平。無毒。

【成分】含有蛋白質約千分之十一。脂肪約千分之二。炭水化物約千分之二百十五至千分之二百四十。鑛物質約千分之六。甘薯所含炭水化物的大部份是澱粉。也有糖類（例如蔗糖麥芽糖葡萄糖等）煮熟時有大量麥芽糖從澱粉析出。

又含有甲種維生素。乙種一維生素。乙種二維生素。丙種維生素等。所以甘薯優於歐美人常吃的馬鈴薯。儲藏期中甲種維生素和糖類的含量。又自然增加。丙種維生素也相當不少。雖經烘熟之後。丙種維生素尚有存留長生。儲藏容易使甘薯糜爛。

【効能】補虛乏。益氣力。健脾胃。強腎陰。功同薯蕷。

【食用】可生。可熟。可烹。可炙。可乾。可磨粉爲餅餌。以代五穀作食糧。救荒療飢尤爲佳品。惟性滑而又壅氣。凡腸滑及有膈氣者宜少食。

按徐元扈評蕃藷有十二勝。收入多一也。白色味甘。諸土種中。特爲夐絕。二也。益人與薯蕷同功。三也。遍地傳生。剪莖作種。今歲一莖。次年即可種數十畝。四也。枝葉附地。隨節生根。風雨不能益損。五也。可當米。凶歲不能災。六也。可充籩實。七也。可釀酒。八也。乾久收藏。屑之旋作餅餌。勝用餳蜜。九也。生熟皆可食。十也。用地少易於灌溉。十一也。春夏下種。秋冬收入。植葉甚盛。草穢不容。但須壅培。不用鋤耘。不妨農。十二也。

番茄

【性味】甘。微酸。無毒。

【成分】富水分。有一種特有之佳香。并有酸味與一種淡甘味。滋養分最富。其赤色素與柿及胡蘿蔔同。

【効能】夏月作爲飲料代用品。可減少疾病。善助脂肪之消化。

【食用】生熟可食。食多有泄瀉之患。

絲瓜

【性味】甘。冷。無毒。

【効能】涼血。解毒。通經絡。行血脈。有祛痰蠲痛通乳功用。

【食用】嫩時去皮。可烹可曝。點茶充蔬。多食痿陽事。滑精氣。血虛液涸而絡不利者忌食。

菊花

【性味】甘。微苦。平。無毒。

【効能】清利頭目。養血息風。消疔腫。

【食用】薰茶。蒸露。釀酒。苦者勿用。忌火焙。忌朮及枸杞根。

菠菜

【性味】甘。冷。滑。無毒。

【効能】利五臟。通腸胃熱。解酒毒。宜腎臟病貧血。大便澀滯及痔疾人。

【食用】北人食麥麪。食之即平。南人食魚鱉水米。食之即冷。多食令人脚弱腰痛。動冷氣。先患腹冷者。食之必泄瀉。不可與鮭魚同食。發霍亂。

菱

【性味】甘。平。無毒。

【効能】清暑。泄熱。爲解熱解毒品。又爲滋補品。

【食用】生食蒸食。搗爛澄粉食。均可。多食傷臟腑。損陽氣。令陽痿。生蟯蟲。熟食多亦令腹滯氣。腹脹。惟薑汁或酒可解。或含吳茱萸嚥津亦妙。同蜂蜜食生蛔虫。小兒秋後食多令臍下痛。勿合犬肉食。胃寒脾弱人亦忌食。

菾菜（俗名莙薘菜）

【性味】甘。苦。大寒。滑。無毒。

【効能】搗汁飲解風熱毒。時行壯熱。止熱毒痢。搗爛敷諸禽獸傷。及炙傷立瘥。其莖燒灰洗衣色白如玉。

【食用】作菜茹。和米煮食亦佳。胃寒人食之動氣發瀉。先患腹冷人食之必泄瀉。故道家忌之。

萊菔

【性味】辛。甘。無毒。

【成分】含多量之水分。澱粉。脂肪。及少量消化穀食之物質。名消化酵素。能助澱粉之消化。惟遇攝氏七十度以上之高溫。則失效用。

【効能】破氣化痰清熱消食。解豆腐麪毒。

【食用】生食最足爲間接滋養品。根葉皆可生。可熟。可葅。可醬。可醋。可糖。可豉。可臘。可飯。蔬菜中用處甚廣。多食動氣。生薑可解。不可與地黃同食。令人髮白。服何首烏諸補藥者忌食。凡氣虛血虧者忌食。

萍蓬草

【性味】甘。寒。無毒。

【効能】和血。行瘀。爲清血品。煮食。補虛益氣力。久食不飢厚腸胃。

【食用】其子舂去皮。可作粥飯食。根可煮食。味如栗。脾胃虛寒者勿食。

越　瓜（一名稍瓜又名菜瓜）

【性味】甘。寒。無毒。

【効能】利腸胃。止煩渴。和飯作餅。久食益腸胃。

【食用】生食可充果蔬。醬豉精醋藏浸皆宜。亦可作葅。多食令人虛弱不能行。小兒尤甚。生食冷中動氣。令人心痛臍下癥。天行病後不可食。不可同魚鮓牛肉食。併成病。又能發瘡疥。能暗人耳目。觀驢馬食之

即眼爛可知。

雲芝茶

【性味】寒冷。

【効能】療胃熱。消積。

【食用】作飲料。脾胃虛寒及有疝瘕者忌之。

黃大豆

【性味】甘。溫。無毒。

【成分】每百公分鮮嫩大豆含有蛋白質十五公分餘。油質七公分。炭水化物約十公分。熱量一百七十「卡」。（每大「卡」熱量。可使二市斤純水昇高攝氏表一度）鈣質一百公絲（一千公絲爲一公分）。燐質二百餘公絲。鐵質六公絲餘。甲種維生素一百國際單位。乙種維生素約一

公絲。丙種維生素十一至十四公絲。庚種維生素十分之九公絲。其蛋白質質和量皆優良。含有身體不可缺少重要的錏基酸。屬於完備的蛋白質。不在肉類或蛋類之下。量的方面。每一百公分就有十五公絲蛋白質。可稱豐富。若和肉類比較。每百公分五花（肥肉少瘦兼有）猪肉約有蛋白質九公分餘。不及鮮大豆之多。每百公瘦猪肉含有蛋白質十六公分餘。普通成人。每日需要蛋白質六十公分左右。姙娠期宜加多。產乳期更加增。

【効能】寬中下氣。利大腸。消水脹腫毒。

【食用】煮食爲宜。炒食性熱。微毒。炒食多壅氣生痰動嗽發瘡疥。令人面黃體重。不可同豬肉食。不可與魚及羊肉同食。小青豆。赤白豆。性味相似。宜忌相同。

黃瓜

【性味】甘。寒。有小毒。

【成分】黃瓜的營養質　。可和西瓜并駕齊驅。或稍勝。每一百公分（約只一寸餘一小段）含有半公分蛋白質。（或稍多）三十餘公絲鈣質。三十餘公絲燐質。十公忽鐵質。十五至五十國際單位甲種維生素原九公微乙種一維生素。二至十三公絲丙種維生素。十五公微庚種維生素。醬黃瓜蛋白質比鮮黃瓜六倍。鐵質比鮮者約八倍。

【効能】清熱。解渴。利水道。和蜜同食可治小兒熱痢。

【食用】供饌用。生熟可食。糟醬亦可。生食不可多用醋。宜少和生薑。多食損陰血。發瘧疾。生瘡疥。積瘀熱。發疰氣。令人虛熱上逆。患脚氣虛腫。及諸病時疫之後。婦人產後。不可食。小兒尤忌。滑中生疳蟲。北方食小麥。坐炕床。食之較宜。南方則於暑時食之有清暑之功。

黃瓜菜

【性味】甘。微苦。微寒。無毒。

【効能】通結氣。利腸胃。

【食用】作蔬茹。脾胃虛寒者。素患泄瀉者。勿食。

黃矮菜（又名黃雅菜）

【性味】甘。溫滑。無毒。

【効能】利腸胃。除胸煩。解酒渴。補虛羸。和中止嗽。滑竅降氣。

【食用】煮食柔嫩無滓。得肉良。凡患瀉痢者勿食。餘參看菘條。

本品爲菘之變種。捲心。

萱草

【性味】甘。涼。無毒。

【効能】袪濕熱。作葅利胸膈。安五臟。令人歡樂忘憂。輕身明目。有利尿作用。能安眠。

【食用】嫩葉及花作菜茹。花尤甜脆。乾花俗謂金針菜。得肉良。有瘡疥人勿食。精滑者勿食。

萵苣（附白苣）

【性味】苦。冷。微毒。

【効能】利五臟。通經脉。開胸膈。功同白苣。能使血液循環良好。調和神經。治不眠症。利尿。

【食用】多食昏人目。痿陽道。患冷人不宜食。紫色者有毒。百蟲不敢近。蛇虺觸之則目瞑。人中其毒。以薑汁解之。

白苣味苦寒葉有白毛。同酪食生蟲䘌。食多令小腸痛。患冷氣者勿食。產後食之。令腹冷作痛。

落花生

【性味】甘。辛。無毒。

【效能】潤肺。解毒。化痰。炒食甘温養胃。調氣耐飢。有滋養功能。幷能縮小便。

【食用】生食熟食均爲供果饌。以肥白甘香者良。勿同黃熟瓜（即香瓜）食又勿同鴨蛋食。往往殺人。多食令精寒陽痿。小兒多食滯氣難消化。有火人勿食炒熟者。

落葵

【性味】酸。寒。滑。無毒。

【效能】滑中。散熱。

【食用】供饌用。脾冷泄瀉人不可食。被狗嚙人食之終身不瘥。又勿同黍米魚鮓鯉魚食。併害人。時病後食之令目暗。勿同砂糖食。姙婦食之滑胎。其菜心有毒忌食。莖赤葉黃者勿食。生葵發宿疾。與百藥相忌。合豬肉食令人無顏色。食落葵須用蒜。葵性雖冷滑。若熟食則令人熱悶動風氣。四月勿食。發宿疾。

葛根粉

【性味】甘。辛。平。無毒。

【成分】即葛根之澱粉。

【效能】生津。止渴。消酒毒。

【食用】取葛根錘爛水浸。沈澱取粉。蒸食煮食均可。南省山民每遇荒年取以代粮充飢。

葱

【性味】葉微温。無毒。莖白辛。平。無毒。

【効能】利肺。通腸。祛風發汗。安胎止痛。通乳和營。散癰腫。益目精。殺諸蟲。殺魚肉毒。殺百藥毒。入胃後。能刺激胃粘膜。使胃液分泌增加。至腸能激腸粘膜。令其吸收作用強大。同時又能減少腸液之分泌。使大便燥結。並可殺死小部分之赤痢蟲。入血中驟使血液流行加速。血壓加高。腎臟之血管充血。而利尿作用十分增加。令全身積蓄之過量水分。迅速向腎臟迫出。同

時氣枝管粘膜之分泌。亦被激而增多。故可助痰之咳出。

【食用】用作蔬菜。正月食生葱。令人面上起遊風。多食令人虛氣上冲。損鬚髮。五臟閉絶。昏人神。爲其生發散開骨節出汗之故也。生葱同蜜食。令人下利。燒葱同蜜食。壅氣殺人。生葱同棗食。令人臚脹。合雉肉雞肉犬肉同食。多令人病血。同雞子食令氣短。又勿同楊梅食。

蜀胡爛

【性味】辛。平。無毒。

【効能】治冷氣心腹脹滿。補腎除婦人血氣。下痢。殺牙齒蟲。

【食用】作菜茹。有熱病人勿食。

蜀葵

【性味】甘。微寒。滑。無毒。
【成分】爲植物黏液澱粉。亞斯拍拉根等。
【効能】治疝氣淋病痢疾。
【食用】煮食作菜茹。久食鈍人志性。被犬嚙者食之永不瘥。合豬肉食令人無顏色。餘參看落葵條。

零餘子

【性味】甘。温。無毒。
【効能】補虛損。強腰脚。益腎。食之不飢。
【食用】霜後收取。煮熟剝去皮食之。功勝於山藥。味美於芋子。餘參看山藥條。
本品係山藥苗所結之子。

慈姑

【性味】苦。甘。微寒。無毒。
【効能】解百毒。產後血悶。攻心欲死。產難胞衣不出。搗汁服一升。又下石淋。
【食用】宜以生薑同煮食勿同吳茱萸食。多食發虛熱及腸風痔漏崩中帶下令冷氣腹脹。生瘡癤。發脚氣。患癱瘓風。損齒。失顏色。皮肉乾燥。卒食之使人乾嘔。孕婦忌食能消胎氣。小兒食多令臍下痛。

薢草仁

【性味】甘。平。無毒。
【効能】充飢輕身。温腸胃。止嘔逆。
【食用】煮食。久食健人。

蒟蒻

【性味】辛。寒。有毒。
【効能】癰腫風毒。調傅腫上。搗碎以灰汁

煮成酥。五味調食。止消渴。

【食用】採其根搗碎或切片。以𪉕灰汁煮十餘沸。以水淘洗。換水再煮六七次。卽成凍子。以五味醋等調食。中寒人勿食。

蒲公英

【性味】甘。平。無毒。

【成分】爲泰拉基沙丁。膠質。糖質。加里。鈣鹽等。

【効能】解熱毒滯氣。消乳癰結核。有健胃及清血之效。幷能激腸之蠕動使大便容易排出。

【食用】採嫩苗作蔬茹。凡大腸滑利者忌食。

蒲蒻

【性味】甘。平。無毒。

【効能】治五臟心下邪氣。口中爛臭。堅齒明目聰耳。

【食用】可以作蔬供饌。

酸漿

【性味】苦。寒。無毒。

【効能】治熱煩滿。定志益氣。利水道。其實能催生。

【食用】苗葉嫩時可以作羹。其果熟時可食。脾胃虛寒者勿食。

節瓜

【性味】同冬瓜。

【効能】止渴生津。健腸。利大小便。

【食用】參看冬瓜條。本品乃冬瓜之小者。

蓮肉

【性味】甘。平。澀。無毒。
【効能】補心益脾。治泄固精。益十二經脈血氣。
【食用】蒸熟入糖和食。不去心令人作吐。多食生者。微動冷氣。脹人。患霍亂及大便閉燥者少食。用荷梗塞穴鼠自去。煎湯洗鑞垢自新。蓮花及蕊鬚忌地黃葱蒜。花畏桐油。

蓴菜

【性味】甘。寒。無毒。
【効能】治熱疸。厚腸胃。止消渴。逐水解百藥毒。
【食用】以鮮魚雞肉湯等作羹食 。常食發氣。令關節急。嗜睡。温病後胃弱食之多死。此物甚損人胃及齒。令人顏色惡。毛髮落。和醋食令人骨痿。

蓼

【性味】辛。温。無毒。
【効能】歸舌。除大小腸邪氣。利中益志。祛風冷。健人腰腳。
【食用】可作生菜食。和生魚食。令人脫氣。陰核痛求死。二月食蓼傷人胃。扁鵲云。久食令人寒熱。損髓減氣。少精。婦人月事來時。食蓼蒜變爲淋。與大麥麵相宜。

蓼蕎（一名山薤）

【性味】辛。温。無毒。
【効能】治霍亂。腹冷脹滿。冷氣攻心。腹痛不調。婦人產後血攻胸膈刺痛。煮服之。
【食用】供菜茹。參看薤條。

華撥

【性味】辛。大溫。無毒。

【成分】華配林爲其主要成分。

【効能】溫中。止胃脘寒痛。下氣。治水飲嘔逆。有鎮痛功能。故治頭痛牙痛疝痛。又爲注鼻淵主要品。

【食用】以之和味。惟性熱能動肺脾之火。多食令人目昏。且走洩眞氣。令人腸虛下重。

蔊菜

【性味】辛。溫。無毒。

【効能】去冷氣。腹內久寒。飲食不消。令人能食。

【食用】以生蜜洗拌。或略汋。食之爽口消食。多食發痼疾生熱。

蕃辣椒

【性味】辛。苦。大熱。無毒。

【成分】爲辛味樹脂。蠟質。色素鹽類等。幷含有豐富的維生素丙。又據冷米氏研究。辣椒的葉紅質（卽甲種維生素）含量。百公分青辣椒。含有三公絲至九公絲甲種維生素原。青辣椒漸成熟。其甲種維生素也漸加。每公斤（二市斤爲一公斤）新鮮成熟辣椒的甲種維生素原。平均含量。爲三十至二百四十公絲。四兩辣椒的甲種維生素原。已足供一人一天需要而有餘。

【効能】溫中。散寒。殺蟲。擦癬。開鬱。去痰。消食治嘔逆。療噎膈。止泄痢。祛脚氣。

【食用】凡炒椒宜先淨鍋中油氣。否則不能

炒熟。專食供菜茹。和味入魚肉等甚佳。勿同茨菇食。多食動脾火。發浮腫。虛恚發瘡痔。有目疾火證者忌食。

蕳子

【性味】甘。平。無毒。

【効能】安神。定志。止癲狂。解惡毒及心腹卒痛。

【食用】供果饌。

蕓薹

【性味】辛。溫。無毒。

【効能】散血。消腫。瀉熱。破瘀。治遊丹。

【食用】取其嫩莖葉供蔬食。最爲可口。多食發口齒痛。損陽道。發瘡疾。生腹中諸蟲積。春月食之。發膝中痼冷。有腰脚病者食之加劇。狐臭人及服補骨脂者忌食之。

蕨

【性味】甘。寒。滑。無毒。

【効能】燒灰油調傅蛇蟲螫傷。

【食用】搗爛澄粉食。或採嫩苗莖晒乾作蔬茹。生山中者有毒。多食令目昏鼻塞。落髮弱陽。病人食之。令邪氣壅經絡。患冷氣人食之令腹脹。小兒食之令脚輭不能行。生食蕨粉成蛇瘕。能消人陽事。非良物也勿同莧菜食。

蕪青

【性味】苦。溫。無毒。

【効能】消食。下氣。治嗽。止消渴。去心腹冷痛及熱毒。風腫。解麪毒。令人肥壯。

【食用】春食苗。夏食心。秋食莖。冬食根。多食動氣。

醍醐菜

【性味】甘。溫。無毒。

【効能】月水不利搗汁酒服之。

【食用】供菜茹。

龍鬚菜

【性味】甘。寒。無毒。

【効能】治癭結。熱氣。利小便。

【食用】作菜茹。患冷氣人勿食。

蕹菜

【性味】甘。平。無毒。

【効能】搗汁和酒服。治產難。生搗或煮食。解野葛毒。

【食用】作菜茹。

薄荷

【性味】辛。溫。無毒。

【成分】含有一種揮發油。及單寧少許。

【効能】發汗。散風熱。霍亂宿食不消。下氣。偏頭痛肺支管炎。由腸壁吸入血中。能減少白血球之數。同時由交感神經。而傳達大腦。使之痲醉。

【食用】以之和味虛弱人久食成消渴。新病初愈食之令虛汗不止。與鱉相反貓食之醉。凡收薄荷者須隔夜以糞水澆之。雨後乃可刈收則性涼。不爾不涼也。氣虛血燥人忌食。

薇

【性味】甘。寒。無毒。

【効能】利水道，消浮腫。潤大腸。
【食用】供菜茹。凡脾胃虛寒。大腸滑利者勿食。

蕹

【性味】苦。溫。滑。無毒。
【効能】通腸泄濁。利竅滑膈。開胸痺。散結氣。有鎮痛健胃作用。又能除寒熱。去水氣。
【食用】供菜茹。作羹食利病人。可用醋藏作果饌。發熱病不宜多食。三四月勿食。生食引涕唾。勿與牛肉同食。令人作癥瘕。一云與蜂蜜相反。

餛飩青

【性味】甘。寒。無毒。
【効能】生食解積暑。煩熱。生津。煮食健

脾。和胃。益氣。
【食用 生熟可食參看薐條。

翹搖

【性味】辛。平。無毒。
【効能】利五臟。明耳目。去熱風。療五種黃疸。
【食用】取莖葉作羹。或作菜茹。生食令人吐水。

翻白草

【性味】甘。微苦。平。無毒。
【効能】療吐血。下血。崩中。瘧疾。癰瘡。
【食用】葉莖根均可供菜茹。

薺苨

【性味】甘。寒。無毒。

【効能】利肺止咳嗽。療癰腫。解百藥毒。

【食用】煮食充飢中寒人勿食。服藥人勿食。

薺菜

【性味】甘。溫。無毒。

【効能】利肝。和中。子能明目。療目痛。久服視物鮮明。

【食用】葉可作菜茹。或作羹食。或和米粉作餅餡。其子水調成塊。煮粥作餅。甚粘滑。患氣病人食之動冷氣。不與麪同食。令人背悶。服丹石人不可食。取其莖作挑燈杖可辟蚊蛾。取其花布席下。辟蟲。

雞侯菜

【性味】辛。溫。無毒。

【効能】溫中益氣。

【食用】宜與雞羹同食。參看雞條。

雞頭菜

【性味】鹹。甘。平。無毒。

【効能】止煩渴。除虛熱。生熟皆宜。

【食用】生熟皆可作菜茹。參看芡實條。

雞蘇

【性味】辛。微溫。無毒。

【効能】散風濕。止吐衄。作生菜食除胃間酸水。

【食用】可作菜茹。氣虛人勿食。

羅勒

【性味】辛。溫。微毒。

【効能】調中消食。去惡氣。消水氣。宜生食。療齒齦爛瘡。使用之甚良。患啘嘔者。取汁服半合。冬月用乾者煮汁。其根燒灰。敷小兒黃爛瘡。
【食用】與諸菜同食。味辛香。能辟腥氣。種後常以泥溝水魚腥水米泔水澆。勿用糞水。多食澀營衞。壅關節。令人血脉不行。

藕

【性味】甘。平。無毒。
【成分】富於單寧酸尤以節部爲多。
【効能】生食涼血散瘀。熟食補心益胃。同蜜食令五臟肥。
【食用】生熟可食。然生食過多。亦令冷中。少和鹽水食益口齒。同油爍米麪果食則無渣。忌鐵器。

藜

【性味】甘。平。微毒。
【効能】殺蟲。

【食用】供菜茹。不可多食。

蘆筍

【性味】微苦。冷。無毒。
【効能】除膈間客熱。止渴。利小便。解河豚及諸蟹毒，諸肉毒。
【食用】供菜茹。脾胃虛寒者勿食。

蘆蒿

【性味】辛。溫。無毒。
【効能】破血下氣。煮食之。
【食用】二月間採嫩苗供菜茹。又可蒸。香美類似蔞蒿。氣虛人勿食。姙婦忌食。婦人有下血者勿食。忌巴豆。

蘩縷（即鵝腸菜）

【性味】酸。平。無毒。
【効能】破血。治積年惡瘡不愈。下乳汁產

婦宜食之。

【食用】供菜茹。同魚鮓食。發消渴。令人健忘。不可久食。因性能去血。恐血盡也。

木部

大棗

【性味】甘。平。無毒。

【成分】含有粘液質。蛋白質。果糖質。他如維生素和鑛物質。在棗子肉含有數種。

【効能】補脾胃。治瀉痢調營衞。療寒熱。治陰痿貧血。入胃後與胃酸起作用。而成有效之糖素。至腸被腸壁吸收。而達血中。使血中氰化力增加，細胞繁殖力擴大。故用作緩和強壯藥。

【食用】曝乾收藏。食之耐飢。浸酒，或取肉作韶。葷素皆宜。殺附子天雄烏頭川椒毒。歉歲亦可充飢。北產大而堅實者良。生食多令人熱渴。膨脹。動臟腑。損脾元。助淫熱。患寒熱胃弱羸瘦人不可食同蜜食損五臟。熟棗多食。令人齒黃生䘌。同葱食令五臟不和。同諸魚食。令人腰腹痛。勿與鱉蟹同食久食最損脾助濕熱。患齒病疳病蟲䘌及中滿者勿食。小兒食多生疳。棗葉有微毒服之使人瘦 。久即嘔吐。

山查

【性味】酸。冷。無毒。（一云酸。甘。微温。）

【効能】破氣。散痰。消肉積。化痰涎。用於消化不良，及產後兒枕痛，又爲收歛藥。諸種出血之止血藥。魚類中毒之解毒藥。漆瘡之鎮痒藥。

【食用】可生啖。又可去皮核和糖搗爲餅餌。謂之山査糕。生食多令人嘈煩易飢，脾胃弱者及齒齲人勿食。

山櫻桃

【性味】甘。平。無毒。（一云甘澁性熱）

【効能】止洩腸澼。令人好顏色。止洩精。

【食用】四月間黄赤成熟。可採爲鮮果食。多食令人嘔吐。立發暗風。傷筋骨。敗血氣。助虛熱。小兒食之過多。無不作熱。有寒熱病人不可食。宿有溼熱病及喘嗽者。食之加劇。且有死者。過食大多。發肺癰肺萎。煮老鵝肉。採其葉同煮。則易輭熟。

川椒

【性味】辛。温。有毒。

【成分】主要之成分。爲揮發油及脂肪等。

【効能】助命火。散寒濕。止冷痛。吐瀉。消痰飲腫脹。用作解毒殺蟲藥。又作健胃藥。能制魚腥陰冷諸物毒。辟蠅蚋蜈蚣蚊蟻等蟲。

【食用】煎湯。研粉摻。各隨方便。多食令人乏氣。傷血脉。凡有實熱喘以嗽。及暴赤火眼者勿食。五月食椒。損氣傷心。令人多忘。閉口者殺人。中其毒者。用凉水麻仁漿解之。花椒性味相同。但力差薄耳。

五加皮

【性味】辛。温。無毒。

【効能】祛風濕。壯筋骨。用作驅風化濕藥。又爲強壯藥。

【食用】除製酒外。又可泡之以代茶。炊飯以爲食。其苗嫩時可採爲蔬。去皮膚風濕。凡陰虛火旺人勿食。「五茄皮酒」主治一切風濕痿痺。壯筋骨。塡精髓。浸酒或加當歸牛膝地楡等藥。

五歛子

【性味】酸。甘。濇。平。無毒。

【効能】除風熱。生津。止渴。

【食用】晒乾以充果食。以蜜漬之。甘酢而美。尤宜與衆果叅食。

天師栗

【性味】甘。溫。無毒。

【効能】久食已風攣。

【食用】爲夷果之一種充果品食。凡脾胃弱者勿多食。

弔塔果

【性味】溫。平。

【効能】利胸膈。健脾。消食。

【食用】生時堅澀不可食。熟時多沙可食。味不佳。

木瓜

【性味】酸。澀。無毒。

【効能】調氣，和胃。養肝。消脹。舒筋。息風。去溼。霍亂大吐下。轉筋不止。尤有特効。楊梅結毒蜜丸服。土茯苓湯下神効。

【食用】勿犯鐵器。以銅刀刮去硬皮。切片。蜜漬酒浸均可。多食患淋。損齒。傷骨。以鉛霜或胡粉塗之。則失酢味。且無渣。木瓜樹鋸板作桶濯足。甚益人。

木威子

【性味】酸。辛。無毒。
【効能】治心中惡水。水氣。
【食用】削去皮可爲饑食。

木槿花

【性味】甘。平。無毒。
【効能】止血痢。療腸風。能解熱涼血。幷能令人安眠。
【食用】鮓和猪肉或淸煮味極甘美。若作飲代茶。兼能治風疾。凡無濕熱人少服。大腸滑泄者勿服。

甘石榴

【性味】甘。酸。溫。濇。無毒。
【効能】止渴。潤燥。
【成分】含蘖酸。護謨越幾斯。單寧酸水分等。
【食用】供果饌。多食令齒黑損齒。凡服食藥物人忌食。尤損肺戀膈生痰。酸石榴皮能殺蟯蟲。煎汁飲。

玉露霜（荔枝之一種）

【性味】甘。酸。無毒。
【効能】降肺火。止咳嗽。療怯症。
【食用】供果饌。宜忌待考。

白果

【性味】甘。苦。平。濇。無毒。
【成分】含多量之脂肪及澱粉與蛋白質。
【効能】斂肺定痰喘。濇收止帶濁。用作祛痰品。又爲滋養強壯品。
【食用】蜜餞供果品用。生食引疳。熟食多令人臚脹。壅氣動風。小兒食多。昏霍發驚引疳。同鰻鱺食患輭風。姙婦食之滑胎。能醉人食滿千者死。三稜者有毒。臨炒時。密取一枚手握。炒不發爆。生擣能澣衣帛油垢。

冬青

【性味】甘。苦。凉。無毒。
【効能】補血。祛風。用作滋養強壯藥。
【食用】取嫩葉煠熟。水浸去苦味淘淨。五味調食。子可浸酒。如製女貞子法製浸。女貞與冬青。本一種而二物。

四味果

【性味】剖以竹刀則味甘。鐵刀則味苦。木刀則味酸。蘆刀則味辛。形如棗。亦棗類。
【効能】旅行得之。能止飢渴。
【食用】宜忌待考。

玉椒

【性味】辛。
【効能】治胃氣痛。心痛。解魚蝦毒。
【食用】和味或專服宜忌與胡椒同。因本品乃取嫩者去殼也。

白梅

【性味】酸。鹹。平。無毒。
【効能】清熱。解毒。醒酒。殺蟲。功同烏梅。
【食用】可供果饌。及作梅湯飲。但病人有實邪者勿用。
「附注」本品係用青梅以鹽醃生霜而成。

仲思棗

【性味】甘。溫。無毒。

【効能】益氣補虛。潤五臟。治痰嗽冷氣。久服令人肥健。好顏色。不飢。

【食用】供果饌。

「附注」本品實如大棗。長三四寸。闊五寸。紫色細紋。肉肥核小。

回春果

【性味】苦。澀。酸。

【効能】驅風。除癘。療癩疾。

【食用】本品即荔枝產於福建龍溪縣康仙洞者。其食用與荔枝大致相同。

妃子笑

【性味】甘。熱。無毒。

【効能】辟口臭。餘與荔枝同。

【食用】本品即荔枝產於廣東佛山者。肉厚核小。啖之經宿口香。

安化茶

【性味】苦。微甘。澁。無毒。

【効能】淸脾和胃。下膈氣。消滯。去寒澼。

【食用】本品係茶之產湖南安化者。須以水煎或滾湯中入壺內。再以火溫之。其味始出。餘同諸茶。

竹筍

【性味】甘。微寒。無毒。

【効能】消渴。利水道。益氣。

【食用】鮮者炙食煮食鮮美。乾者鹽醃醋浸均可久藏。諸筍皆發瘡毒。冷血及氣。多食難消化困脾。小兒食多成瘕。同羊肝食令人目盲。勿同沙糖食。凡煮筍少入薄荷食鹽則味不蘞。或以灰湯煮過。

簹筍味薟難食。多食動風氣作脹。
淡竹筍多食發背悶脚氣。
刺竹筍有小毒。食之落人髮。
簕竹筍性硬難化。小兒勿食。
桃竹筍味苦。有小毒。南人謂之黃筍。灰汁煮之可食。不爾戟人喉舌。
酸筍出粵南。用沸湯泡去苦水。投冷井水中浸三日取出縷如絲繩。醋煮可食。
蘆筍忌巴豆。乾筍忌沙糖。鱘魚。羊心肝。食筍傷用香油生薑解之。
採筍宜避風日。見風則本硬。入水則肉硬脫殼。煮宜熟而久。生食則損人。

竹實

【性味】微澀。
【効能】通神明。輕身益氣。
【食用】本品狀如小麥。可爲飯食。又有苦竹實大如雞子有毒。須以灰汁煮二度晒乾。可爲菜蔬。

岕茶

【性味】苦。無毒。
【効能】消宿食。降火。利痰。
【食用】能峻伐生氣。虛人禁用。因此茶生晒未經火氣。其性最消導。故飽食者。宜飲此茶。

李子

【性味】甘。酸。微溫。無毒。
【効能】曝食去痼熱。調中。去骨節間熱。肝病人宜食。
【食用】多食令人臚脹。發痰瘧。虛熱。同蜜食。及雀肉鷄肉鷄子鴨肉鴨子食。損五臟。同漿水食。令人霍亂。勿同麋肉鹿肉麞肉食。味苦澀者不可食。不沈水者有毒勿食。服朮人忌食。姙婦食之子生疥瘡。

杏子

【性味】甘。酸。熱。有小毒。
【効能】不益人。
【食用】生食多傷筋骨。 多食昏神。 令膈熱。生痰。動宿疾。發瘡癰。落鬚眉，病目者食多令目盲。小兒多食成壅熱。致瘡癤。產婦尤宜忌之。杏仁苦溫冷利有小毒。含有亞蜜哥他林 。 及愛謨爾聖之卵白性釃酵素。脂肪油。護謨。糖質等。各成分。能瀉肺氣。解肌。潤燥。消索粉積。解狗肉毒。亦用作鎮咳祛痰藥。兩仁者不可食。殺人。作湯白沫不解者。食之壅氣。身熱。湯經宿者動冷氣。悞食雙仁或食杏仁多致迷亂將死者。取杏樹根煎湯服可解。

八旦杏仁味甘。性溫。多食亦能動宿疾。

沙棠

【性味】甘。平。無毒。
【効能】却水病。
【食用】可供果饌。

刺梨

【性味】甘。酸。澀。無毒。
【効能】解悶。消積滯。
【食用】汁同蜜煎成膏味同楂梨。

宜母果

【性味】酸。無毒。

【効能】辟暑解渴。下氣和胃。能安胎。鹽醃幷療傷寒痰火。

【食用】可供果餌。多食傷筋損齒。因味極酸故也。其汁可代醋用。

柿子

【性味】甘。平。濇。無毒。

【成分】富於糖分。紫色素。其未熟者。含有多量之鞣酸。

【効能】潤肺。濇腸。生津。寧嗽用作袪痰鎮咳品。又爲收濇品。能解酒毒。壓胃熱。

【食用】青綠之柿置器中。自然紅熟曰烘柿。去皮壓扁曝乾生霜者曰柿餅。用火熏乾者曰烏柿。用水浸藏。或用鹽水浸藏。或以灰汁澡三四次汁盡皮藏者曰酥柿。柿與霜和搗成粉蒸食者曰柿糕。凡脾胃虛寒者勿食。多食發痰，同酒食易醉。或心痛欲死。同蟹食令腹痛作瀉。或嘔吐昏悶。惟木香磨汁灌之可解。鹿心柿尤不可食令寒中腹痛。乾柿勿同鱉肉食。難消成積。鹽藏者亦微有毒。

松花

【性味】甘。溫。無毒。

【成分】松子含有多量的蛋白質。和脂肪。並有鑛物質。和維生素。其營養不在栗子以下。

【効能】潤心脾。益氣。除風止血。亦可釀酒。

【食用】和白沙糖製爲餅餌。或作湯點甚佳。多食發上焦熱病。松子略同。

松蘿茶

【性味】苦。寒。無毒。

【効能】消積滯。油膩。清火。下氣。除痰。

【食用】宜忌同各茶。

枇杷

【性味】甘。酸。平。無毒。

【成分】含有水分糖分等。

【効能】止渴下氣利肺氣。止吐逆。除上焦熱。潤五臟。

【食用】多食動脾。發痰。助濕。同麪食及炙肉食發黃病。壅濕熱氣。

林檎（俗名花紅）

【性味】甘。酸。温。無毒。

【効能】療水穀痢。洩精。

【食用】供果饌。多食令人百脉弱。發熱。生痰。滯氣。發瘡癤。令人好睡。其子食之。令人心煩。

武彝茶

【性味】苦。酸。温無毒。

【効能】消食。下氣。醒脾。解酒。療休息痢。

【食用】諸茶皆性寒。胃弱者食之多停飲。惟武彝茶性温。不傷胃。凡茶癖停飲者宜之。

玫瑰花

【性味】甘。香。温。微苦。無毒。

【成分】主要素爲單寧酸。沒食子酸。餘爲葡萄精。纖維。

【効能】行氣解鬱。柔肝。醒脾。有輕緩之收斂性。故有柔肝止血之功。能消乳癰。

【食用】薰茶。釀酒。作餡。均可加入。

花椒

【性味】辛。溫。有毒。

【成分】含揮發油及脂肪等、

【効能】散寒。燥濕。下氣。溫中。殺蟲。有催進食欲之效。

【食用】以椒末入雞肉或猪肉食。味焦香。多食令人乏氣傷血脉。凡有實熱喘以嗽。及暴赤火眼者勿食。五月食椒損氣傷心。令人多忘。閉口者殺人。中其毒者。用涼水麻仁漿解之。

金橘

【性味】酸。甘。溫。無毒。

【効能】下氣。快膈。止瀉。解酲。辟臭。皮尤佳。

【食用】供果饌。多食令人洩痢。餘參看橘子條。

雨前茶

【性味】甘。寒。無毒。

【効能】淸咽喉。明目。益心神。補氣。通七竅。消宿食。下氣去噫。

【食用】以三年外陳久者良。餘參考各茶條。

青竹筍

【性味】甘。無毒。

【効能】治肺萎吐血。鼻衄五痔。並宜姙婦食。

【食用】炙食供饌。若以鹽醃晒乾。更能爽胃消痰。餘參考各筍條。

侯騷子

【性味】甘。寒。無毒。

【效能】消酒除濕。解煩熱。治癰毒。輕身延年。

【食用】供果饌。

保和枝

【性味】同荔枝。

【效能】消胸膈煩悶。調逆氣。導營衛。

【食用】供果饌。餘參考荔枝條。

本品產於福建晉江縣北陳崖山蓮花峯。

南棗

【性味】甘。酸。溫。無毒。

【效能】補脾胃。生津液。

【食用】生食蜜藏供果饌。餘參考大棗條。

本品係產於浙江棗陽者。

枳椇實

【性味】甘。平。無毒。

【效能】淸酒熱。解酒毒。利尿。

【食用】供果饌。醯藏荷裹。可以備冬儲。多食令人氣壅。

本品之枝葉樹本可以煎蜜。味勝於蜜。

枸杞苗

【氣味】苦。寒。無毒。

【效能】袪風。明目。除煩。益志。消熱毒。散瘡腫。

【食用】和羊肉作羹益人。作飲代茶。止渴。消熱煩。益陽事。解麪毒。勿與乳酪同食。

柑實

【性味】甘。大寒。無毒。
【効能】利腸胃中熱毒。止暴瀉。利小便。
【食用】供果饌。多食令脾寒成癖。及肺寒咳嗽。生痰。發陰汗。令大腸瀉痢。用柑皮煎湯或鹽湯可解。柑皮可晒乾充果饌。多食令人肺燥。

柚實

【性味】酸。寒。無毒。
【効能】消食。解酒毒。治飲酒人口氣。去腸胃中惡氣。療姙婦不思食。口淡。
【食用】供果饌。餘參看柑實條。

紅茶

【性味】參看各茶條。
【効能】開胃。消食。去油滯。餘與各茶同。
【食用】參看各茶條。

胡桃

【性味】甘。平。溫。無毒。
【成分】本品營養成分。爲水分四、七四。蛋白質二八、四七。脂肪五九、一八。無窒素有機物三、一九。纖維一、五四。灰分二、八八。
【効能】補肝腎。煖腰膝。治遺泄。療痰嗽。係滋養強壯品。肉能潤養。皮能收濇。又令人肥胖。潤肌膚。黑鬚髮。去五痔。令人食欲振奮。
【食用】凡常服者。不可併食。須漸漸食之。初日服一枚。每五日加一枚。加至二十枚止。周而復始。否則生痰涎。動風氣。脫眉毛。令人惡心吐水。同酒食令人咯血。動腎火。連衣食歛肺氣。不可合雉肉野鴨同食。與銅錢共食。銅錢成粉。食酸齒楚。嚼胡桃肉卽解。去衣法凡胡桃一觔。用甘蔗節五六段。和湯煮透。經一宿。次早略煮。取去殼。則衣隨出。 油胡桃有毒。 傷人咽肺。凡肺有痰熱。及陰虛火旺者。有吐衄者。切勿服食。

胡椒

【性味】辛。大温。無毒。

【成分】爲胡椒素。揮發油。脂肪。護謨。澱粉。有機酸。及鹽類等。

【効能】温中。煖胃。下氣。消痰。刺激腸胃。增進消化。爲健胃驅風品。

【食用】用以和味。多食損肺。令人吐血。助火。昏目。發瘡。有實火及熱病人食之動火。傷氣。陰受其害。病咽喉口齒及腸紅痔漏者忌食。妊婦食之令助胎熱子生瘡疥。

苦竹筍

【性味】苦。甘。寒。無毒。

【効能】安眠。去面目並舌上熱黃。止消渴。明目，解酒毒。除熱氣健人。治出汗。中風失音。利水道。

【食用】並蒸煮食之。餘參看竹筍條。

茅竹筍

【性味】甘。平。無毒。

【効能】肺痰。吐血。痰嗽。積滯。消痰之功。勝於他筍。

【食用】煮食。得肉味美。多食令人心嘈易飢。餘參看竹筍條。

茉莉花

【性味】辛。熱。無毒。

【効能】潤燥。香肌。和中。下氣。
【食用】薰茶蒸露。各隨所用。氣虛人少食。入面脂及頭油芳香撲鼻。

郁李仁（卽棠棣）

【性味】酸。微甘。平。無毒。
【効能】破血。潤燥。瀉氣結。通大腸。爲利水消腫品。在胃中不呈何種作用。入血後專激腎臟。促進利尿機能。
【食用】果可食。凡陰虛液虧及氣虛人勿食。

食茱萸

【性味】辛。苦。大熱。無毒。
【効能】煖胃。燥濕。與吳茱萸同用。治霍亂。中暑。食傷諸病。
【食用】磨粉入羹湯中。殺腥物。多食動脾火。發浮腫。虛恚。發瘡。痔。有目疾火症者忌食。勿同茨菇食。

香櫞

【性味】辛。酸。溫。無毒。
【効能】下氣。除心頭痰水。
【食用】揉蒜罨其蒂上。則香更充溢。浸汁浣葛紵。勝似酸漿也。佛手柑與功用相同。蒸露飲能消痰逐滯。

徐李（俗名無核李）

【性味】與李同。
【効能】益氣。輕身延年。

栗

【性味】鹹。溫。無毒。
【効能】補腎氣。厚腸胃。用爲滋補品。
【食用】生食則發氣。蒸炒熟食則壅氣。宜

以袋盛懸於風處。食之有益。再經日晒。作油灰氣。同橄欖食有梅花香。中扁者名栗楔。作粉食勝於菱芡。但飼小兒令齒不生。患風疾及水腫者。併不宜食。小兒多食生則難化。熟則滯氣。膈熱。生蟲。往往致病。勿同牛肉食。取一粒咬破。蘸香油。和衆栗炒則不爆。取苞中自裂出者以潤沙密藏。明夏初尚如新。

桃

【性味】辛。酸。甘。熱。微毒。

【效能】作脯食。益顏色。肺病人宜食之。

【食用】多食損脾助熱。令膨脹。發瘡癤。同鼈肉食。患心痛，食桃後入水浴令泄瀉。患淋。及寒熱病。能發丹石毒。生桃尤損人有損無益。五果列爲下品。

桄榔

【性味】甘。平。無毒。

【效能】補益虛羸損乏。腰脚無力。久服輕身辟穀。

【食用】花之汁液。可製砂糖。幹中白粉，作餅炙食甚腴美。能耐飢。

桑椹

【性味】甘。寒。無毒。

【成分】含有機酸。糖分。黏液質。鹽類。色素等。其營養價值在草每上味亦佳。

【效能】補腎。明目。養血。祛風。用作強壯品。在胃中能補胃液之缺乏。以助消化之不足。入腸能激腸之黏膜使腸之分泌增多。並能促腸之蠕動。故治習慣性便祕甚良。

【食用】可生啖（宜微鹽拌）可飲汁。或熬膏。或爆乾爲末蜜丸日服。飢歲可充粮食。生者小兒多食令心痛。

桑葉

【性味】苦。甘寒。有小毒。

【効能】袪風。淸熱。明目。涼血。能袪痰。除脚氣水腫。利大小便。

【食用】炙熱煎飲。可以代茶。脾胃虛寒者忌用。

烏欖

【性味】甘。濇。溫。無毒。

【効能】補血。

【食用】供果饌。以溫水泡輭。俟紫脂浮起溢出。乃可食。餘參看橄欖條。

烘柿

【性味】甘。濇。寒。無毒。

【効能】通耳鼻氣。治腸胃不足。解酒毒。壓胃間熱。止口渴。續經脉氣。

【食用】參看柿子條。

珠蘭

【性味】香。有毒。

【効能】辟惡穢。

【食用】用花薰茶。

荔枝

【性味】甘。平。無毒。

【効能】滋心營。養肝血。止渴。消腫。塡精充液。

【食用】供果饌。多食發熱。煩渴。口乾。衄血。鮮者尤甚。令卽齦腫口痛。

患火病及齒䘌人尤忌之。食荔多而醉以殼浸水飲即解。以針刺荔殼數孔。蜜水浸隔湯蒸透肉滿味美。

茶肭

【性味】甘。無毒。

【効能】遼塞士人有病。食之輒愈。

【食用】供果饌。

茶葉

【性味】苦。甘。微寒。無毒。

【成分】茶葉中含有咖啡鹼〇、二至三、四%揮發油單寧等。

又紅茶中所含之單寧。較綠葉中所含約多二倍。此單寧酸殺菌之力。凡却滲司虎列拉。赤痢諸菌。置於濃冷紅茶汁中。二十分鐘即死。綠茶汁中則須三十分鐘。若在純咖啡中。則不見效。

【効能】清熱。降火。消食。殺菌。醒睡。用作興奮神經及利尿品。幷益於疲勞性精神衰弱者。入胃後除所含之一部分單寧制止消化酵素之作用及凝固已消化之蛋白外。餘皆不起何等變化。惟精油(香精)。有稍能激胃分泌增多之功。由幽門而達十二指腸小腸等處。始次第將茶精吸入血中。由微血管而傳達中樞神經。使血液循環加速。腦部血量增多。精神遂被激而興奮。惟効力甚微。時間亦短促。其子搗汁洗衣去油膩。

【食用】因產地薰製之不同。名稱繁多。惟均作飲料。久飲令人瘦。去人脂。令人昏睡。大渴及酒後飲茶。寒入腎經。令人腰脚膀胱冷痛。兼患水腰攣痛諸疾。尤忌將鹽點茶。或同鹹味食。如引賊入腎。空心切不可飲。同榧食令人身重。凡飲宜熱冷聚痰。宜少勿多。不飲更妙。酒後多飲濃茶。令吐。食茶葉令發黃。成癖。若雜入香物。令痛透骨。況眞茶少。假茶多。民生日用受害甚巨。婦孋更甚。服威靈仙土茯苓者忌飲。服史君子飲熱茶卽瀉。廣南一種苦薆。性大寒。胃冷人勿飲。凡茶不宜於脾胃虛寒及患水腫疝瘕等病者。

梅實

【性味】酸。平。無毒。

【成分】含有種種有機酸。

【效能】痰涎壅塞喉如有物。膈間作痛。吐之不出。嚥之不下。梅核膈氣。用此含口嚥汁。入喉卽消。

【食用】糖製以供果饌。榨汁以作醬。同韶粉食不酸不輭牙。多食損齒傷筋。蝕脾胃。令人膈上痰熱。服黃精人忌之。不可與猪羊麋鹿肉同食。食梅齒楚者以胡桃肉解之。梅葉煮湯洗黴衣甚佳。烏梅性温忌豬肉。白梅與烏梅同功。暗香湯。取半開梅花。溶蠟封花口。投蜜中。每取一二朵。同蜜一匙點滾水服。

楊搖

【性味】甘。無毒。

【效能】通百脉。強筋骨。補中益氣。潤肌膚。好顏色。

【食用】供果饌。

普陀茶

【性味】

【効能】治血痢肺癰。

【食用】作飲料餘參看茶條。

普洱茶

【性味】苦。澀。

【効能】消食化痰。淸胃生津。腹脹受寒。用生薑發散出汗卽愈。受暑喉乾。嚼之卽愈。

【食用】作飲料。餘參看茶條。

梨子

【性味】甘。微酸。寒。無毒。

【成分】含多量水分及糖分。

【能効】瀉熱養陰。潤肺涼心。消痰降火。

【食用】供果饌。多食令人寒中。損脾。萎困。金瘡乳婦產後血虛者勿食。脾胃虛寒者勿食。生食多成冷痢。梨與蘿蔔相間收藏。或削梨蒂種於蘿蔔上藏之。皆可經年不爛。

樑子

【性味】甘。澀。平。無毒。

【効能】生食之止水痢。熟和蜜食去嗽。

【食用】供果饌。

棠梨

【性味】酸。甘。濇。寒。無毒。

【効能】燒食止滑痢。

【食用】果供果饌花可煠食或曝乾磨粉食。

椑柹

【性味】甘。寒。濇。無毒。

【効能】壓丹石藥發熱。利水解酒毒。去胃

中熱。
【食用】久食令人寒中。脾胃虛寒人勿食。

無名子

【性味】辛．溫．濇。無毒。
【効能】治諸痢去冷氣。令人肥健。煖腎開胃。得木香山萸能興陽。
【食用】供果饌。本品與榛子同類。

無花果

【性味】甘。平。無毒。
【成分】含有蛋白質。脂肪及果糖。並有維生素甲。維生素乙。丙。戊。及鱗鹽。鐵鹽。鈣鹽等成分。
【効能】清熱潤腸。爲緩和滋養品。又治痔疾及消化不良等症。入胃後與胃液混和。協力助消化之不足。一部分至腸而被吸入血中。一部分仍向大便排出。入血後能促進血液之氧化。使細胞之新陳代謝增加。
【食用】供果饌用。大便滑利者勿食。

無食子

【性味】苦。溫。無毒。
【効能】濇精。歛腸。療赤白痢。
【食用】供果饌。腹中有實熱。及食積者勿食。

無漏子

【性味】甘。溫。無毒。
【効能】補中益氣，除痰嗽。補虛損。好顏色。令人肥健。
【食用】生食或煮汁。若以石灰湯淪過。入冷熟蜜中浸。換至四次其味尤甜蜜。

猴闥子

【性味】苦。溫。無毒。
【効能】暖丹田益五臟。健脾。增氣力。
【食用】可作果食。亦可磨粉食。

菴羅果

【性味】甘。溫。無毒。
【効能】止渴。并主婦人經水不通。丈夫營衞中血脉不行。久食令人不飢。
【食用】供果饌。其葉可作菜茹。多食動風疾。凡時疾後食飽後俱不可食。勿同大蒜辛物食。令人患黃病。

菴羅勒

【性味】甘。寒。無毒。
【効能】止欬逆上氣。解丹石毒。硫黃毒。
【食用】供果饌。脾胃虛寒人勿食。

都念子

【性味】甘。酸。小溫。無毒。
【効能】止痰嗽。噦氣。補血良品。
【食用】供果饌。其皮漬之有膠可以代漆。色若胭脂。可作染料。其花可以釀酒。

都咸子

【性味】甘。平。無毒。
【効能】大乾作飲。止渴潤肺。去煩除痰。
【食用】供果饌。

都桷子（又名構子）

【性味】酸。濇。平。無毒。
【効能】安神溫腸治痔。益氣止洩。
【食用】宜熟食。久食無損。鹽漬蜜餞尤佳。

黃皮果

【性味】酸，平。無毒。
【効能】消食順氣。除暑。止嘔逆痰水。胸膈滿痛。蚘蟲上攻。心下作痛。
【食用】供果餌。食荔枝大多。以黃皮果解之。

楊梅

【性味】酸。甘。溫。無毒。
【効能】鹽藏食。去痰。止嘔噦。消食下氣。乾作屑。臨飲酒時服方寸七。止吐酒。生食止渴。和五臟。滌腸胃。除煩懣惡氣。
【食用】宜濡鹽少許食。鹽藏蜜漬。酒浸糟收。爲脯爲乾。均可。久食令人發熱。損齒及筋。忌與生葱同食。

榆

【性味】甘。平。滑利。無毒。
【成分】含有蛋白質和澱粉。
【効能】皮滲濕熱。通二便有利尿及祛痰之功。葉消水腫利小便。下石淋。莢仁能助肺殺諸蟲。下氣。令人能食。消心腹間惡氣。卒心痛。塗諸瘡癬。以陳者良。花治小兒癇疾。小便不利。傷熱。
【食用】皮磨粉和麪蒸饃食莢嫩時和麪蒸食葉作羹食。仁亦作羹食。惟性滑利。有腸澼者勿食。多食令人好睡。

楮實

【性味】甘。寒。無毒。
【効能】消水腫。壯筋骨。明目。輭堅。強

陽。益氣。充肌。

【食用】半熟時採取蜜餞。以供果餌。熟時亦可生食。中寒者勿食。

楸子

【性味】甘。酸。無毒。

【效能】多食令人好睡。濇氣。

【食用】供果餌。

葡萄

【性味】甘。平。濇。無毒。

【效能】潤筋骨。治痿痺。益氣。倍力。強志。逐水。令人肥健。用作滋養品。

【食用】供果餌。鮮者多食令人卒煩悶。昏目。乾者多食恐發腸胃氣。又可釀酒飲。以甘草作釘釘葡萄立死。以麝香入樹皮內則結實香美。其莖穿過棗樹。則實味更美。葡萄架下不可飲酒防蟲屎傷人。凡有風熱實邪者勿食。

櫧葉

【性味】甘。涼。無毒。

【效能】嫩時茹之。去四肢風痺。及赤白帶下。炒研搏麪。作爲餛飩食。治水腫。

【食用】嫩時採爲菜茹。中寒人勿食。

鉤栗

【性味】甘。平。無毒。

【效能】食之不飢厚腸胃。令人肥健。

【食用】參看栗條。

麂目

【性味】酸。甘。小冷。無毒。

【効能】缺

【食用】供果饌。多食發冷痰。

榛子

【性味】甘。平。無毒。

【効能】益氣力。實腸胃。令人不飢。健行。調中。開胃。

【食用】供果饌。凡收藏榛松瓜仁類。以燈心剪碎和入則放燥處不油。

榠樝

【性味】酸。平。無毒。

【効能】去惡心。止心中酸水。煨食止痢。煮汁服治霍亂轉筋。浸油梳頭。治白髮赤髮。置衣箱中殺蠹蟲。

【食用】可供果饌。

「附記」榠樝乃木瓜之大而黃色無重蒂者。樝子乃木瓜之短小而味酢澀者。榲桲則樝類之生於北土者。三物與木瓜一類而各種。故其形狀功用。不甚相遠。

榧實

【性味】甘。平。澀。無毒。

【成分】爲揮發油及單寧等。

【効能】常食治五痔殺三蟲。蠱毒。鬼疰惡毒。

【食用】供果饌。宜火炒食之。香酥甘美。多食引火入肺。大腸受傷。同鵝肉食患斷節風。又令氣上壅。反菉豆。能殺人。豬脂同炒。黑皮自脫。同甘蔗食其渣自輭。煮素羹味更甜美。

榲桲

【性味】酸。甘。微寒。無毒。

【効能】治水瀉腸虛煩熱散酒氣。幷宜生食。去胸膈積食。止渴除煩。生熟皆宜。置衣箱中殺蠹蟲。

【食用】供果餌。多食發熱毒。澀血脉。聚胸膈痰。同車螯食。發疝氣。臥時生食多令胃脘痞塞。

榲桲形似木瓜而有毛其氣甚香。

槐葉花

【性味】甘。微苦。平。無毒。

【効能】療五痔。及腸風下血有涼血瀉熱之功。花幷能作染料。

【食用】花葉均可蒸食。或作羹食。脾胃虛寒人勿食。

瑣瑣葡萄

【性味】甘。酸。溫。平。無毒。

【効能】療筋骨濕痛。利小便。幷有強腎稀痘之功。

【食用】供果餌。參看葡萄條。

酸石榴

【性味】酸。溫。濇。無毒。

【成分】石榴根皮及其枝榦皮中含有配來推林。一名普尼欽。為一種植物鹽基。無色。或微黃。狀如油。有麻醉性臭氣。

【効能】止瀉痢。療崩帶。有收歛功能。其果皮搗汁飲能殺絛蟲。

【食用】參看甘石榴條。

酸棗

【性味】酸。平。無毒。

【効能】補肝膽。醒脾。健胃。食之令人不睡。

【食用】供果餌。多食損齒傷筋。凡有鬱火

實邪者勿食。

摩厨子

【性味】甘。平。無毒。
【効能】益氣。潤五臟。久服令人肥健。
【食用】供果饌。

樂山茶

【性味】同諸茶。
【効能】止頭痛。
【食用】作飲料參看茶條。

櫨子

【性味】酸。濇。平。無毒。
【効能】斷痢。止惡心咽酸。去酒痰黃水。煎汁止霍亂轉筋。
【食用】入蜜湯煮食。多食傷氣損齒及筋。

醋林子

【性味】酸。温。無毒。
【効能】久痢不瘥及痔漏下血。蚘咬心痛。小兒疳蚘。心痛。脹滿。黃瘦。下寸白蟲。搗末酒服方寸七。甚效。
【食用】供果饌。鹽醋藏者。食之生津液。醒酒。止渴。多食令人口舌粗拆。

橄欖

【性味】酸。甘。澀。無毒。
【成分】含有一種揮發油。即橄欖油糖酸水分纖維等。
【効能】生津止渴清咽解毒。又解酒毒及魚鱉毒。
【食用】生食煮食鹽藏食均可。須去兩頭以性熱故也。多食令氣上壅。過白露摘食不病瘧。得鹽則不苦濇。

同栗子食甚香。用錫器收藏。以紙封固。置淨地上。至五六月不壞。橄欖難採。將熟時以木釘釘之。或納鹽少許於根皮內 。其果一夕自落。其枝節間有脂膏如桃膠。采和皮葉煎汁。熬如黑餳謂之欖糖用粘船隙。牢如膠漆。入水益乾其木作舟楫。撥着魚即浮出。故橄欖能解一切魚毒。

橙子肉

【性味】甘。酸。寒。無毒。

【効能】行風氣。療癭氣。發瘰癧。殺魚蟹毒。

【食用】供果饌。或洗去酸汁蜜餞食。多食傷肝氣。動虛熱。同獱肉食發頭旋惡心。

橙子皮

【性味】苦。辛。温。無毒。

【効能】療胃弛緩症。急性胃加答兒。急性腸加答兒。入胃刺激胃黏膜使分泌增加大腸被激而興奮。全血液流動增速。宿酒未解。食之速醒。

【食用】糖作橙丁香美。作醬醋亦香美。今人往往貯作果餌。食多反動氣勿同檳榔食。

橡實

【性味】苦。微。温。無毒。

【効能】澀腸止瀉。厚腸胃。肥健人。

【食用】煮食充飢。磨麪作凍冷食亦可。

橘子

【性味】甘。酸。温。無毒。

【効能】甘者潤脾。酸者聚痰。
【食用】供果饌。多食戀膈生痰。滯肺氣。同螃蟹食患軟癱。同獺肉食令惡心。勿與檳榔同食。橘瓤上筋最難消化。小兒多食成積。用松毛或綠豆藏橘百日不壞。忌近酒米。柑。橙亦然。橘下埋鼠。則結實加倍。

薏仁

【性味】甘。溫。無毒。
【効能】祛風熱。明耳目。破心下結痰。痞氣。
【食用】供果饌。

豬腰子

【性味】甘。微。辛。無毒。
【効能】一切瘡毒箭傷。研細酒服。幷塗之。

【食用】可供果饌。

龍荔

【性味】甘。熱。有小毒。
【効能】狀如小荔技味如龍眼。
【食用】宜熟食以供果饌。生食令人發癇。或見鬼物。

龍眼

【性味】甘。平。無毒。
【成分】水〇、八四五。乾燥殘渣九九、一四五。（內可溶性成分七九、七七。不溶成分一九、三八五。）灰三、三六。（內得自可溶性成分者二、八七三。）葡萄糖二四、九一。蔗糖〇、二二。垤幾斯篤林一、〇五三。纖維素二、一八五。酸類（假定作酒石酸等）一、二六。

含淡物六、三〇九。脂肪二、四九四等。

【效能】補心脾。療虛羸。爲緩和滋養品。又治神經衰弱。貧血。入胃後與胃酸化合。成爲消化蛋白與澱粉之酵素。一部分仍不被化合。及至小腸始漸次由腸壁吸而達血中。能增加血液之熱量。與酵素之作用。

【食用】生者用沸湯淪過食不動脾。凡外有感邪。內有鬱火。以及有停飲脹滿病者忌食。

營實

【性味】甘。溫。無毒。

【效能】除風濕。利關節。有利水功能。

【食用】嫩莖剝去皮刺可食。其果至秋色紅可食

本品與金櫻仿佛相似。

箽竹筍

【性味】同竹筍。

【效能】療消渴風熱。益氣力。消腹脹。

【食用】蒸煮炒食皆宜。餘參見竹筍條。

檳榔

【性味】苦。辛。溫。澀。無毒。

【成分】含有阿萊可林及阿萊加因之植物鹽基。其構造有人發明。爲一三、三五。窒素總量一、五三。啡咖湼二、〇八。伊打製越幾斯一、三五。澱粉四五、四四。鞣酸三、七九。木纖維七、〇一。其餘無窒素物一八、二一。無機物二、九〇。

【效能】瀉氣攻積。殺蟲行水。在胃中能激胃黏膜。使分泌增加。至腸與絛蟲相遇。能殺死之。或混於大便內排

出。同時又能刺激迷走神經。使腸之蠕動增加。入血中有縮小腫孔之能。

【食用】頭圓矮平者爲榔　。形尖紫文者爲檳。檳力小。榔力大。勿經火。若熟使不如不用。鴆鳥多集檳榔樹上。其外皮卽大腹皮。宜依法洗製。方可用之。檳榔得扶留藤瓦蘢子同咀嚼之。吐去紅水一口。列柔滑甘美。多食則發熱。勿同橙橘食。

櫓罟

【性味】甘。無毒。

【效能】補脾胃。固元氣。壯精神。益血脈。寬痞。消痰。解酒毒。止酒後發渴。利頭目。開心益智。婦人不孕用子浸酒內三日。日日飲之。百日有效。又目生翳障。用子浸白蜜內。每日連蜜啖一枚。一月卽愈。

【食用】供果饌。

瀘茶

【性味】辛。熱。

【效能】療風氣。

【食用】作飲料。本品產於四川瀘州性味異於衆茶。

懸鉤子

【性味】酸。平。無毒。

【效能】醒酒。止渴。除痰。解酒毒。

【食用】子熟則酸美。形如覆盆子。但覆盆子味甘。本品味酸。多食令齒酸楚。

櫧

【性味】甘。微寒。無毒。

【効能】食之不飢。令人健行。止洩痢。破惡血止渴。
【食用】不可多食。

蘋果

【性味】甘。平。
【効能】補中焦諸不足氣。和脾。卒食飽。氣壅不通者。搗汁服。
【食用】供果饌。多食令肺壅臚脹。有病人尤甚。

櫻桃

【性味】甘。熱。濇。無毒。
【効能】調中。益脾氣。令人好顏色。美志。
【食用】供果饌。多食令人嘔吐。立發暗風。傷筋骨。敗血氣。助虛熱。小兒食之過多。無不作熱。有寒熱病

人不可食。宿有濕熱病及喘嗽者。食之加劇。且有死者。過食大多。發肺癰肺痿。其葉同老鵝煮。易輭熱。

櫻額

【性味】甘。澀。温。無毒。
【効能】補脾。止洩瀉。
【食用】供果饌外并可晒乾爲粉。暑月調水服之。更佳。

蘡薁（即山葡萄）

【性味】甘。酸。無毒。
【効能】止渴。益氣。悅氣。
【食用】供果饌。又可釀酒釀醋。

諸果有毒（一）凡果未成核者食之令人發癰癤及寒熱。（二）果落地有惡蟲爬過者食之令人患九漏。

（三）果雙仁者有毒殺人。（四）瓜雙蒂者沈水者皆有毒殺人。（五）凡果忽有異常者。根下必有毒蛇惡物。其氣薰蒸所致。食之立殺人。

【解諸果毒】燒豬骨灰為末水服。

【收藏果品】凡青梅枇杷橄欖橙李菱瓜類。以臘水入少許銅青蜜封於淨罐內。久留色不變。或用臘水入薄荷明礬少許。將諸果各浸甕內久藏味佳且不變色。

禽部

五靈脂肉

【性味】甘。溫。無毒。

【効能】食之補益人。凡氣虛血虛無瘀滯人少食。

【食用】清燉。或炒食均佳。

巧婦鳥

【性味】甘。溫。無毒。

【効能】多食令人聰明。

【食用】炙食甚甘美。宜忌與雀大致同。

白鴿肉

【性味】鹹。平。無毒。

【効能】治消渴。疥癬。白癜風。癧瘍風。風疥。惡瘡。解諸藥毒。預解痘毒。

【食用】炒食燉食。味甚甘美。服藥人勿食。不可與鼈同食。

附注凡各色鴿及野鵓鴿。氣味効能均同。

白鵝肉

【性味】甘。平。無毒。

【効能】止消喝。除五臟間熱。

【食用】煮食醃乾食均佳。多食令人病霍亂。發痼疾。生瘡疥。患腫毒者勿食。虛火咳嗽者勿食火薰者有毒。蒼鵝有毒。嫩鵝亦有毒。鵝卵多食發痼疾。煮鵝肉下櫻桃葉數片易輭。

白鷳肉

【性味】甘。平。無毒。
【効能】補中。解毒。
【食用】煮食佐餐。患瘡瘤者勿食。黑鷳氣味相同。

竹雞

【性味】甘。平。無毒。
【効能】治中風半身不遂。能透經絡。追痰涎。
【食用】炙食煮食均鮮美。
本品飼於家中能辟壁蝨又諺云家有竹雞啼白蟻化爲泥。

杉雞

【性味】甘。平。無毒。
【効能】治野雞病。殺蟲。
【食用】炙食。煮食。均鮮美。
本品常居杉樹上有長黃毛冠。

杜鵑

【性味】甘。平。無毒。
【効能】瘡瘻有蟲。薄切炙熱貼之。
【食用】呂氏春秋云肉之美者。巂燕之翠。昔人亦食之矣。此鳥鳴聲甚哀。初聞者主別離。學其聲則吐血。

青佳

【性味】甘。平。無毒。
【効能】蟻瘻惡瘡。安五臟。助氣。補虛損。
【食用】五味炙食甚美。多食發喉痺。食生薑可解。

洋鴨

【性味】甘。溫。無毒。
【効能】助陽道。健腰膝。補命門。煖水臟。
【食用】炙食煮食味甘美。餘參看野鴨條。

突厥雀

【性味】甘。熱。無毒。
【効能】補虛。暖中。
【食用】炙食煮食。有內熱人及熱病後者忌食。

英雞

【性味】甘。溫。無毒。
【効能】益陽道。補虛損。令人肥健悅澤。能食。不患冷。常有實氣而不發也。
【食用】炙食煮食甘美。有熱病及非虛寒者勿食。

桑鳸（俗名蠟嘴）

【性味】甘。溫。無毒。
【効能】治肌肉虛羸。益皮膚。
【食用】炙食。初病後勿食。

烏骨雞

【性味】甘。平。無毒。
【効能】補虛羸。治勞損。治女人赤白帶下。一切虛損諸病。益產婦。爲滋養強壯品。
【食用】煮食蒸食皆宜。餘參看雞條。

烏雄雞肉

【性味】甘。微溫。無毒。
【効能】補中。止痛。
【食用】煮飲汁。餘參看雞條。

烏鴉

【性味】酸。澀。平。無毒。
【効能】痰病咳嗽。骨蒸勞疾。
【食用】臘月採泥固火煅食之。否則羶臭。若將肉合其卵食令人昏忘。

秧雞（一名水雞）

【性味】甘。溫。無毒。
【効能】治蟻瘻。
【食用】炙食味美。有熱病人勿食。

啄木鳥

【性味】甘。鹹。平。無毒。
【効能】痔瘻。及牙齒疳䘌。蟲牙。燒存性納蟲牙孔中。不過三次卽愈。
【食用】炙食供饌。

雀

【性味】甘。溫。無毒。
【効能】益精髓。暖腰膝。壯陽道縮小便。治血崩帶下。冬三月食之。起陽道。令人有子。
【食用】炙食味美。勿同豬肝及李食。姙婦食雀肉飲酒。令子多淫。多食雀腦動胎氣。令子雀目。同豆醬食令子面䵟。服朮人忌之。雀卵下氣。男子陰痿不起。強之令熱。多精有子。

雪雞

【性味】甘。熱。無毒。
【効能】暖丹田。壯元陽。除一切積冷陰寒痼癖諸疾。
【食用】炙食肥美。有熱病及陰虛火動人勿

食。

斑鳩

【性味】甘。平。無毒。

【効能】明目。多食益氣。助陰陽。

【食用】炙食味香美。有瘡疥者忌食。

雁肉

【性味】甘。平。無毒。

【効能】祛風療麻痺。壯筋骨。

【食用】炙食充饌。七月勿食傷人神。久食動氣。禮記云食雁去腎。不利人也。

黃雌雞

【性味】甘。酸。鹹。平。無毒。

【効能】止消渴。小便數而不禁。腸澼瀉痢。補益五臟。絕傷。療五勞。益氣力。

【食用】蒸食煮食炙食均佳。餘參看雞條。

黑雌雞

【性味】甘。酸。溫。平。無毒。

【効能】作羹食。治風寒濕痺。五緩六急。安胎。治反胃及腹痛。乳癰。

【食用】煮食炙食供饌。餘參看雞條。

雉

【性味】酸。甘。微寒。無毒。

【効能】補中。益氣力。止瀉痢。除蟻瘻。

【食用】煮食炙食供饌。春夏有小毒。患痢人不可食。久食令人瘦。發五痔。諸瘡疥。同蕎麥麵食。生蛔蟲。同菌蕈食發五痔。立下血。同胡桃食發頭風眩暈。及心痛。損多益少。不可常食。卵同葱食。生寸白蟲。

同家雞食成遁尸病。自死瓜甲不伸者食之殺人。又不可與豬肝鹿肉鯽魚鮎魚回魚同食。

鳧

【性味】甘。涼。無毒。

【効能】補中益氣。除十二種毒。平胃消食。身上有諸小熱瘡。年久不癒者。但多食之卽瘥。

【食用】炙食煮食供饌。醃食亦佳。不可同胡桃木耳豆豉食。

慈烏

【性味】酸。鹹。平。無毒。

【効能】補勞治瘦。助氣止咳嗽。骨蒸羸弱者。和五味醃炙食之良。

【食用】和五味。炙食。否則有羶氣。多食令昏忘。

蒿雀

【性味】甘。溫。無毒。

【効能】益陽道。補精髓。腦塗凍瘡。手足不皸。

【食用】炙食甚香美。餘參看雀條。

線鵲

【性味】甘。溫。平。無毒。

【効能】益氣。治風疾。細切炒香盛袋中浸酒飲。

【食用】炙食供饌有熱病人勿食。

駝鳥

【性味】無毒。

【効能】人誤吞鐵石入腹。食之卽消。

【食用】

鴿

【性味】甘。平。無毒。

【効能】補益虛人。去風痺氣。脂能塗癰腫。澤肌膚。長毛髮。

【食用】炙食味柔美。

燕窩

【性味】甘。平。無毒。

【成分】自海燕之唾腺分泌一種黏質。製成之天然燕窩分析之結果其成分爲水分一〇、四〇%。一含窒素物質五七、四〇%。脂肪〇〇、〇九%。一無窒素越幾斯二二、〇〇%。纖維一、四〇%。一灰分八、七四%。又以水蒸氣處理之。溶解於水者爲有機物質七四、三〇%。一無機物質七、一四%。又據王女士研究灰分之平均百分數。爲二、五二、此灰分溶於鹽酸。其中有燐百分〇、〇三五。有硫百分之一、一〇。當燕窩起加水分解時。得還原性炭水化合物。至少百分之一七，四。其所含之蛋白質有數種。其氫之分佈約略如下醯亞氫Z〇、〇八%。肥亞蛋白質氫Z六、六八%。粘膠蛋白質氫Z三、九五%。尿鹼尿白質Z二、三九%。單亞基氫Z五、一九%。水解乾酥蛋白質氫Z二四、六%。組織蛋白質氫Z六、二二%。非經基氫N七、二二%。據研究所得。胃液酸質。及膵液酸質。解消化燕窩。惟不如消化煮過雞蛋白之易。用之以飼動物。實驗之結果。表示燕窩蛋白質。亦非佳滋養品。不足代替其他緊要蛋白質為食物之原料云。
【効能】大補肺陰。化痰止嗽。補而能清。為調理虛損勞瘵聖品。
【食用】宜選潔白者淨去毛及渣滓。清水蒸食。若用以煮粥。或以雞汁煮食。可口而失其清作用。若入冰糖則有甘壅之弊。其黃黑黴爛者有毒勿食。

鷲鳶

【性味】鹹。平。有小毒。
【効能】諸瘻。疥癬。以酒浸。炙令熱。貼瘡上。冷即易。
【食用】多食令人患大風病。

鴞

【性味】甘。溫。無毒。
【効能】鼠瘻炙食之。噎食病。取初生無毛者一對。黃泥包煨存性。研末酒服。
【食用】夜勿煮炙。

鴟

【性味】鹹。平。無毒。
【効能】治頭風。目眩。顛倒。癇疾。
【食用】鴟腦有毒。同酒食令人久醉健忘。

鴟鵂

【性味】酸。微鹹。有小毒。
【効能】瘧疾。去毛腸。油煤食。風虛。眩暈。煮食。用酒煮焙乾同大鰻鱺攤薄荷上蒸爛。和薯蕷搗焙。為細末空腹酒下。能治傳屍癆瘵者。蓋取陰毒毒味。以殺陰毒之蟲。其功與獺肝彷彿。
【食用】參看鴟條。

鴨

【性味】甘。大寒。無毒。
【効能】滋陰補虛。除客熱。和臟腑及水道。療小兒驚癇。爲滋補強壯品。
【食用】煮食炙食供饌。白鴨爲良。黑鴨有毒。滑中發冷利。患脚氣人忌食之。新鴨有毒。以多食蚯蚓等蟲也。目白者殺人。腸風下血人不可食鴨。食鴨肉傷者。以糯米泔溫服一二盞卽消。

鴨卵性味甘鹹微寒。多食發冷氣。令人氣短背悶。姙婦多食令子失音且生蟲。小兒多食令脚輭。患瘡毒人食之令惡肉突出。合鱉肉李子食害人。合桑椹食。令姙婦生子不順。

鴨血性味鹹冷。無毒。能解諸毒。凡野葛生金生銀丹石砒霜射工中惡及溺水死者灌之卽活。又塗蚯蚓咬瘡。

鵁鶄

【性味】甘。鹹。平。無毒。
【効能】解諸魚蝦毒。炙食之。
【食用】炙食供饌。

雉

【性味】甘。溫。微酸。無毒。
【効能】溫中氣。補虛羸。女人崩中漏下。赤白帶。通經。殺惡毒。能愈久傷乏瘡不瘥者爲滋養強壯品。
【食用】炙食烹食。均有美味。善發風。動肝火。同葫蒜。芥李及兎犬肝犬腎食。幷令人瀉痢。同魚汁食。成心瘕。同鯉魚鯽魚蝦子食。生癰瘡。同獺肉食成遁尸病。同生葱食成蟲痔。同糯米食成蚘蟲。小兒食多腹中生蟲。五歲以下忌食。四月勿食抱雞肉。令人作癰成漏。男女虛乏。凡時感前後。痘疹後。瘡瘍後。瘧痢疳疸肝氣。目疾喉症。脚氣。諸風病皆忌食。雄雞愈老愈毒。其頭尤有毒。勿同野雞鼈肉食。患骨蒸熱病者。勿食黃雌雞。雞有五色者。玄雞白首者。六指者。四距者。雞死足不伸者。閹雞能啼者倂有毒害人。

雞蛋性味甘。平。無毒。其成分蛋殼約含炭酸鈣九〇%。燐酸鈣五七%。膠質少許。蛋白約含蛋白質一二至一四%。水分若干。蛋黃約含蛋黃素一五、七%。無燐之蛋白質及脂肪。砂糖鹽類各少許。有淸風熱。治腫毒。鎭心定驚。潤肺寧

嗽。爲滋養強壯品宜半生半熟食。多食令人腹中有聲。動風氣。妨消化。害胃部。誘起下痢。同葱蒜食令氣短。同韭食成風痛。同鼈肉食損人。同獺肉食成遁尸病。同兎肉食成瀉痢。妊婦多食。令子失音。以雞蛋和鯉魚食令兒生瘡。同糯米食令兒生寸白蟲。同魚膾同乾薑食令子生疳。發瘡疥。小兒患痘疹者。不惟忌食。禁嗅其煎食之氣。恐生翳膜也。醋能解蛋毒。過食蛋傷。紫蘇子能消。人誤踏抱出雞子殼。令生白癜風。

雞血性味鹹。平。無毒。其翅下血能除白癜風。凡雞血能解丹毒。蠱毒。安神定志。

雞肝性味甘。苦。温。無毒。有起陰效能。

鵓鴿

【性味】鹹。平。無毒。
【功能】參看白鴿條。
【食用】參看同前。

鵚鶖

【性味】鹹。微寒。無毒。
【功能】中蠱魚毒。補中益氣。甚益人。作膾臛食。強氣力。令人走及奔馬。
【食用】炙食烹食供饌用。

鵜鶘

【性味】鹹。溫。滑。無毒。
【功能】消癰腫治風痺。透經絡。通耳聾。
【食用】炙食。味不甚美。患泄瀉及大便滑脫者勿食。

鵝

【性味】甘。平。無毒。（一云有微毒）
【功能】解五臟熱。煮汁止消渴。
【食用】炙食烹食均佳。入櫻桃葉數片則易輭。白鵝良。蒼鵝有毒。老鵝良。嫩鵝有毒。多食令人霍亂發痼疾。生瘡疥。患腫毒者勿食。虛火咳嗽者勿食。火熏者。尤不佳。
鵝血味鹹微毒。能解射工毒。
鵝卵味甘溫無毒。有補中益氣功能。多食發痼疾。

鵮

【性味】甘。平。無毒。
【功能】益氣力。利臟腑。
【食用】醃炙食之爲良。

鵲

【性味】甘。寒。無毒。

【効能】療石淋消積熱。

【食用】炙食婦人不可食。

鶉

【性味】甘。平。無毒。

【効能】補五臟。益中。續氣。實筋骨。耐寒暑。消結熱。和小豆生薑煮食。止洩痢。酥煮食。令人下焦肥。

【食用】四月以前未堪食。合豬肝食。令人生黑子。合木耳菌子食令人發痔。

鶡雞

【性味】甘。平。無毒。

【効能】炙食令人勇健肥潤。

【食用】初病後勿食。鶡氣猛。鬬期必死。

鵫雞

【性味】甘。温。無毒。

【効能】殺蟲。解蠱毒。

【食用】炙食烹食供饌。

鶯

【性味】甘。温。無毒。

【効能】補益陽氣。助脾。妬婦食之不妬。

【食用】炙食供饌。

鶴

【性味】鹹。平。無毒。（一云有毒）

【効能】益氣力。補虛乏。去風益脾。其卵煮一枚與小兒食。解痘毒多者令少。少者不出。

【食用】炙食供饌。其頂血大毒飲之立死。

鶻嘲

【性味】鹹。平。無毒。

【効能】助氣。益脾胃。治頭風目眩。煮炙

食之。頓盡一枚。至驗。
【食用】炙食供饌。

鷓 鴣

【性味】甘。温。無毒。
【效能】解嶺南野葛菌子毒。生金毒。及温瘴久病欲死者。合毛熬酒漬服之。或生擣汁服最良。
【食用】炙食供饌。不可與竹筍同食。令人小腹脹自死者不可食。多食中毒者以甘草或生薑解之。

鸐 雞

【性味】同秧雞。
【效能】同秧雞。
【食用】同秧雞。

鷩 雉

【性味】甘。温。無毒。

【效能】食之令人聰慧。
【食用】炙食供饌。

鶉

【性味】甘。温。無毒。
【效能】補虛。甚煖人。
【食用】炙食供饌。

鷺 鷥（一名白鷺）

【性味】鹹。平。無毒。
【效能】療虛損。益脾補氣。
【食用】炙熟食。

鸊 鷉（一名油鴨）

【性味】甘。平。無毒。
【效能】補中益氣。
【食用】五味炙食甚美。

鸂 鶒

【性味】甘。平。無毒。
【効能】食之去驚邪及解短狐毒。
【食用】炙食。

鸐雉

【性味】甘。平。有小毒。
【効能】五臟氣喘不得息。作羹臛食之。炙食補中益氣。
【食用】炙食烹食。味鮮美。多食令人瘦。發五痔。同蕎麥麪食生肥蟲。同豆豉食害人。其卵同葱食生寸白蟲。本品俗名小雞。有四種。似雉而尾長三四尺者。爲鸐雉。似鸐而尾五六尺者走且鳴者爲鷸雉。似鸐而小首有采毛爲鵔鸃。似雉而腹有采色。爲錦雞。又有吐綬雞。每春夏晴明。徐舒頷下錦綬。文采煥爛。歛即不見。食之有毒。

鸕鷀

【性味】酸鹹冷。微毒。
【効能】治大腹鼓脹。利水道。
【食用】味不佳。妊婦食之令逆生。

鸛

【性味】甘。大寒。無毒。
【効能】治鬼蠱諸疰毒。五尸。心腹痛。
【食用】可食。但中寒人勿食。

鸜鵒

【性味】甘。平。無毒。
【効能】療五痔。止血。又治呃噫。下氣。
【食用】炙食供饌。
【諸鳥有毒】凡鳥自死目閉。自死足不伸。三足。六指。異形異色。四翼。肝色青者，並有毒食之殺人。

獸部

山羊（羊之在原野者故亦名野羊）

【性味】甘。熱。無毒。

【効能】療筋骨急強。冷勞。益氣。婦人赤白帶下。

【食用】男人食之。肥軟益人。姙婦食之。令子多病。肝尤忌。疫病後人忌食。餘同羊肉反忌。

水牛肉

【性味】甘。平。無毒。

【効能】安中。益氣。養脾胃，強筋骨。止喘洩。消水腫。除濕氣。

【食用】食法及所忌與黃牛同。患冷人勿食。

水獺肉

【性味】甘。鹹。寒。無毒。

【効能】煮汁食療疫氣溫病。及牛馬時行病。

【食用】宜煮食。勿同橙橘雞肉雞蛋兎肉食。多食消男子陽氣。水獺肝甘。溫。有毒。補肝療虛損。殺蟲治傳尸。可研末服但不可作爲食品。獺肝一月一葉。十二月十二葉。其間又有退葉。是與諸畜類特異處。

牛肉

【性味】甘。溫。無毒。

【成分】含有水分。蛋白質。筋纖維。脂肪

等。就中水分脂肪尤多。

【効能】補脾胃。益虛羸。大有滋養之効。

【食用】食法甚多。各隨其便。但食之發藥毒能病人。牛夜鳴則瘖臭不可食。牛病至自死者。血脉已絕。骨髓已竭。不可食。食之令人生疔。暴亡。發痼疾。痃癖。洞下。疰病瘟牛暴死者不可食。獨肝者有大毒。令人痢血至死。北人牛瘦。多以蛇從鼻灌。故爾獨肝。水牛則無之。啗蛇牛毛髮白而後順者是也。人乳可解其毒。自死白首者食之殺人。疥牛食之發癢。合豬肉及黍米酒食。並生寸白蟲。同韭薤食合生薑食損齒。勿同栗子食。里牛白頭者大毒。蹄中巨筋多食令生肉刺。

牛乳味甘。微寒。無毒。補虛羸。止渴。治反胃噎膈。大腸燥結。氣

痢。疸黃。老人煮粥甚宜。惟生飲令人利。熱飲令人口乾氣壅。宜煎熟候微溫飲之。不宜頓服。與酸物相反。同醋食令人腹中癥結。同魚食令人成積。患冷氣人勿食。服仙茅者食之鬢髮頒。服牛膝人亦忌食。

牛脂味甘。溫。微毒。多食發痼疾瘡瘍。

牛腦味甘。溫。微毒。治風眩消渴熱病死者勿食其腦。令生腸癰。

牛肝補肝明目勿同鮎魚食。患風噎涎。

青牛腸胃合犬肉犬血食病人。

凡煮牛肉入杏仁蘆葉易爛病牛肉煮時入黃豆豆變黑色者殺人。

過食牛肉致病。以稻草和草果煎濃湯多服消之。

因食牛肉中疔疥毒。用澤蘭根。或甘菊根汁。或猪牙灰水服。或生菖蒲擂酒。或甘草湯解之。豬脂化湯亦可解。

竹鼠

【性味】甘。平。無毒。

【効能】補中。益氣。解毒。

【食用】本品係鼠獸之一種。體大如兔。行極遲鈍。前足不分趾爪。炙食或煮食供饌。

羊肉

【性味】苦。甘。大熱無毒。

【効能】補元陽。治虛羸。用作滋補強壯品。

【食用】炙食。煮食。鹽藏。晒乾。均可。與半夏菖蒲相反。同蕎麥麪豆醬食發痼疾。同醋食傷人心。同酢鱠酪食害人。熱病。疫證。瘧疾。病後。食之復發致危。姙婦食之。令子多熱病。凡煮羊肉用杏仁或瓦片則易爛。同胡桃及萊菔煮不臊。同竹鼺煮助味。以銅器煮食。男子損陽。女子暴下。白羊黑頭。黑羊白頭。獨角者。倂有毒。食之生癰。中羊肉毒者。飲甘草湯解之。食羊肉傷者。多食棗子草果可消。

頭蹄肉。味甘性平。水腫人食之。百不一愈。冷病人勿多食。

羊目。姙婦食之。令子睛白。

羊血味鹹性平。久食鼻中毛出。晝夜長五寸。漸如繩。痛不可忍。摘去腹生。惟用乳石硇砂等分爲丸。臨臥服十丸自落也。服丹石人忌食。十年一食。前功盡棄。服地黃何首烏諸補藥者忌食。能解胡蔓草毒。

羊腦有毒。食之發風病。和酒服迷人心。成風疾。男子食之損精氣少子。白羊黑頭之腦。食之作腸癰。

羊心有孔者勿食。能殺人。

羊肺三月至五月。其中有蟲。狀如馬尾。長二三寸。須去之。不去食之令人痢下。

羊肝味苦性寒。同猪肉及梅子小豆食。傷人心。同生椒食傷人五臟。最損小孩。同苦筍食病青盲。妊婦食之。令子多厄。

羊肚甘。溫。無毒。久食令人多唾清水。成反胃。作噎膈。

羊乳甘。溫。無毒。補虛勞。益精氣。補肺腎氣。和小腸氣。合脂作羹。補腎虛及男女中風。

兔肉

【性味】甘。辛。平。無毒。

【効能】補中。益氣。涼血。解熱毒。利大腸。臘月作醬食。去小兒豌豆瘡。炙食壓丹石毒。

【食用】兔至冬月。齕木皮。得金氣。而氣內實。故味美。至春食草麥而金氣衰。故不美也。十一月至七月食之傷神氣。同白雞肉及肝心食。令人面黃。同獺肉食成遁尸病。與薑橘同食。令人霍亂心痛。忌同鹿肉鼈肉芥菜及芥子末食。兔死而眼合者殺人。食兔髓多。令人面生髓骨。內則云。食兔去尻。不利人也。妊婦不可食令子缺唇。主逆生。久食絕人血脉。損元氣。陽事。令人痿黃。兔肝亦勿與雞芥胡桃柑橘同食。兔肝能瀉肝熱。故能明目補勞。但宜生食如食羊肝法。兔血鹹寒無毒涼血活血。解胎中熱毒。催生易產。

刺猬肉

【性味】甘。平。無毒。
【効能】炙食肥下焦。理胃氣。令人能食。
【食用】炙食煮食均可。食時須去其骨。誤食令人瘦劣。諸節漸小。
刺猬心肝燒灰酒服一錢。治蟻瘻。蜂瘻。瘰癧惡瘡。

果然

【性味】鹹。平。無毒。
【効能】瘧瘴寒熱。同五味煮臛食之。幷坐其皮取效。
【食用】呂氏春秋云肉之美者。玃猱之炙。則炙食爲美。

牦牛

【性味】甘。溫。無毒。
【効能】健脾胃。強筋骨。
【食用】炙食煮食供饌。甚鮮美。宜忌同各牛肉。

狐肉

【性味】甘。溫。有小毒。
【効能】同腸作臛食。治瘡疥久不癒，煮炙食。補虛損。作膾生食。暖中去風。補虛勞。
【食用】禮記云。食狐去首。爲害人也。

狗肉

【性味】鹹。酸。溫。無毒。
【効能】溫補脾胃。驅寒助陽。用作滋養強

壯品。

【食用】和五味煮。空心食之。凡食犬不可去血。去則力少不益人。勿炙食。令消渴。姙婦食之。令子無聲。且生蟲。疫證及熱肉後。食之殺人。勿同鯉魚鱓魚牛腸食。令人多病。春末夏初。多猘犬。宜忌食。瘦犬有病。發狂病暴死。無故自死者。有毒殺人。懸蹄犬傷人。赤股而躁者氣臊。犬目赤者並不可食。白狗血和白雞肉烏雞肉白雞肝白羊肉蒲子羹等食。皆病人。內則云食犬去腎。不利人也。九月食犬傷神。同生葱蒜食損人。同菱食生癩。白犬合海鮋食。必得惡病。反商陸。凡食犬傷者。用杏仁二三兩連皮研末。熱湯二三盞拌勻。三次服能使肉消。

狗貛

【性味】甘。酸。平。無毒。

【効能】補中益氣。治小兒疳瘦。殺蛕蟲。

【食用】炙食鮮美。

虎肉

【性味】酸。微溫。無毒。

【効能】益氣力。止多唾。惡心欲嘔。

【食用】炙食。肉有土氣。鹽醃食稍佳熱食傷人齒。藥箭傷者防有毒。

狨肉

【性味】待考。

【効能】食之治五痔。久坐其皮亦愈。

【食用】炙食。

穿山甲肉

【性味】甘。濇。温。有毒。
【効能】能通竄周身經絡。
【食用】炙食其肉最動風。風疾人纔食數臠。其疾即發。四肢頓廢。貧血人亦勿食。

猨肉

【性味】鹹。熱。無毒。
【効能】補益五臟。厚腸胃。塡骨髓。腹有冷積者。宜食之。
【食用】炙食。內則云食猨去腸。不利人。也有熱病人勿食。其糞燒烟直上。猨皮暖人。辟邪惡氣。

豹肉

【性味】酸。平。無毒。
【効能】壯筋骨。强志氣。耐寒暑。令人猛健。粗豪。

【食用】炙食佐餐。正月勿食。傷神損壽。其脂合生髮藥。朝塗暮生。

豺肉

【性味】酸。熱。有毒。
【効能】冷痺軟脚氣。熱之以纏裹病處即瘉。
【食用】其性大熱。食之損人精神。消人脂肉。令人瘦。

馬肉

【性味】辛。苦。冷。有毒。
【効能】除熱下氣。長筋骨。强腰脊。作脯。治寒熱痿痺。
【食用】祗堪煮食。餘食難消。肉上血洗不淨。食之生疔腫。同倉米稷米及蒼耳食。必得惡病。十有九死。同薑食發氣嗽。同猪肉食成霍亂。患痢瘡下痢者。食必加劇。姙婦食之。令子過月難產。乳婦食之。令子瘠瘦。馬生角無夜眼。白馬青蹄。白馬黑頭者竝不可食令人癲。鞍下肉黑色及馬自死者。形色異者。食之殺人。

馬乳味甘性冷利同魚鱠食作瘕。

馬肝及鞍下肉有大毒。食之殺人。馬腦有毒。食之令人發癲。馬血有大毒。入人肉中。一二日便腫起連心而死。馬汗有大毒。患瘡人觸馬汗馬氣馬毛馬尿馬糞。竝令加劇。馬汗入瘡。毒攻心欲死者。燒粟榦灰淋汁浸洗。出白沫乃毒去也。食馬肉毒發而心悶者。飲清酒則解。飲濁酒則劇。或飲蘆根汁。或嚼杏仁。或煎甘草湯解之。中馬肝毒者猪骨灰。牡鼠糞。豆豉。狗屎灰。人頭垢。竝水服可解。中疔疥馬毒者。澤蘭根汁。猪牙灰。甘菊根汁俱水服。或生菖蒲酒解之。

羚羊肉

【性味】甘。平。無毒。

【效能】治惡瘡若和五味炒熟。投酒中。經宿飲之。治筋骨急強。中風。南人食免蛇蟲傷。其骨能碎佛牙鑌骨金剛石。燒烟走蛇虺。

【食用】炙食供饌。

野猪

【性味】甘。平。無毒。

【効能】補肌膚。益五臟。治癲癇。炙食治腸風瀉血。不過十頓。

【食用】炙食供饌。多食發風動氣。不可同回魚鮎魚食。青蹄者不可食。服巴豆藥者忌之。嶺南一種嬾婦。似山豬而小。善害田禾。

鹿肉

【性味】甘。溫。無毒。

【効能】補中益氣力。強五臟。養血生容。治產後風虛邪僻，生者療中風口僻。割片傅。正即除去。

【食用】炙食煮食均佳 。二月至八月不可食。發冷痛。白臆者豹文者倂不可食。炙之不動。及見水而動或曝之不燥者。倂殺人。同雉肉鮑魚鮎魚雞肉。生菜。鯽魚。 鰕食。 發惡瘡。禮記云食鹿去胃。久食鹿肉。服藥必不得力。爲其食解毒之草故也。鹿茸不可以鼻嗅。中有小蟲。入人鼻必爲蟲顙。藥不及也。不可近丈夫陰令痿。鹿脂亦不可近陰。

彭猴

【性味】甘。酸。溫。無毒。

【効能】辟邪氣。令志壯。

【食用】烹食味如狗肉。

猩猩

【性味】甘。鹹。溫。無毒。

【効能】食之不昧不飢。令人善走。窮年無厭。可以辟穀。

【食用】烹食炙食均美。其脣尤美。

象肉

【性味】甘。淡。平。無毒。

【効能】生煮汁服。治小便不利。燒灰飲服治小便多。燒灰油調。塗禿瘡。

【食用】煮食供饌。多食令人體重。象具百獸肉。惟鼻是其本肉。其膽春在前左腿。夏在前右腿。秋在後左腿。冬在後右腿。此說怪誕不經。與獺肝應月而分歧相類。附錄之以供生物學家研究。

黃羊

【性味】甘。溫。無毒。

【効能】補中益氣。並治勞傷虛寒。

【食用】宜炙食。煮汁無味。其腦不可食。餘參看羊條。

貉肉

【性味】甘。溫。無毒。

【効能】治元臟虛勞。及女子虛憊。

【食用】炙食貉性味與獾猯同其耳亦聾。逾汶即死。地氣使然也。

麂肉

【性味】甘。平。無毒。

【効能】五痔病。以薑醋和食之。大有效。

【食用】炙食煮食供饌。多食發痼疾。姙婦食之胎墮。

鼠肉

【性味】甘。熱。無毒。

【効能】小兒疳疾腹大貪食者 。黃泥裹燒熟。去骨取肉。和五味豉汁作羹食之。

【食用】炙食。宜和五味。以壯鼠肉良。誤食鼠骨能令人瘦。鼠涎有毒。飲食收藏不密涎墜其中。食之令人生鼠瘻。或發黃如金。鼠糞有小毒。誤食令人目黃成疸。被食殘物。人不可食。

熊肉

【性味】甘。平。無毒。
【効能】療風痺不仁。久食強志不飢。
【食用】炙食供饌 。 其掌乾者以酒醋水同煮。卽大如皮球乃可烹食。十月食之傷神。患寒熱積聚痼疾者食之終身不瘥。熊脂燃燈損目令失明。熊膽春近首。夏在腹。秋在左足。冬在右足。參看象條。
態行山中必有跧伏之所 。 謂之熊館。性惡穢物及傷殘。捕者置穢物於穴。 則合穴自死。 或爲棘刺所傷。卽自爪至骨而斃。

豪豬

【性味】甘。寒。有毒。
【効能】利大腸。
【食用】炙食多食發風令人虛羸 。 助溼冷病。

豬肉

【性味】酸。冷。無毒。
【成分】水分五五。 蛋白質一四。 脂肪二八。鹽類二六。
【効能】益腎陰。 補虛羸。 有滋養強壯功能。
【食用】供饌用鹽藏乾臘亦美。壯曰豭。牝曰彘。子曰豚。壯而去勢曰豶。生江南者謂之江豬。多食閉血脉。弱筋骨。虛人飢。疫病者。金瘡者。尤宜忌之。久食令人少子傷精。發宿疾。豚肉久食令人偏體筋肉碎痛。乏氣。江豬多食令人體重。作脯少有腥氣。久食解藥力動風氣發疾。傷寒瘧痢痰痼痔漏諸疾食之必再患。難愈。反梅子烏梅桔梗黃連。犯之令人瀉痢。服胡黃連食之令人漏精。服甘草者忌之。同牛肉食。生寸白蟲。同兔肉食損人。同羊肝同鷄子同鯽魚及黃豆食令人滯氣。同葵菜食令人少氣。同蕎麥麪食。患熱風脫眉毛鬚髮。同生薑食生面斑發風。同胡荽食爛人臍。同蒼耳食動風氣。同百花菜。同吳茱萸食。發痔瘻。同龜鱉肉麋鹿驢馬肉蝦子食傷人。多食令人暴肥。蓋慮風所致也。豬肉毒在首故有病者忌之項肉俗名槽頭肥肥能動風氣。

豬心性味鹹甘平無毒。鎮恍惚。解憂恚。多食耗心氣不可合吳茱萸食。

豬舌健脾補不足令人能食。宜和五味煮汁食。

豬血性味鹹平無毒。生血。療賁豚暴氣。及淋瀝。服地黃補骨脂何首烏諸補藥者忌之。同黃豆食滯氣。

豬卵性味甘溫無毒療驚癇。癲疾。除寒熱賁豚。及陰莖中痛。

豬肚。性味甘。微溫。無毒。補中。益氣。止瀉。斷暴痢。

豬肝性味苦。溫。無毒。療小兒驚癇。豬臨殺驚氣入心。絕氣入肝。俱不可多食。服藥人勿食。不可合雉肉雀肉及同魚膾食。生癰疽。同鯉魚鯽魚食傷神。同鵪鶉食生面皯。豬肺性味甘。微。寒。無毒。能補肺療肺虛欬嗽。得火麻仁同食爲良。同白花菜食令人氣滯。發霍亂。八月和飴食至冬發疽。

豬脂性味甘。微寒。無毒。成分爲沃萊因百分之六十二。瑪爾加林及斯推阿林共百分之三十八。能殺蟲解毒。益血脈。勿令中水臘月者歷年不壞。反烏梅梅子忌乾漆。

豬脬性味甘。鹹。寒。無毒。療夢中遺尿。疝氣墜痛。陰囊濕痒。玉莖生瘡。

豬脏性味甘。平。無毒。通乳汁。及一切肺病咳嗽膿血不止。以薄竹筒盛於煻火中煨熟食上啖之。男子多食損陽。

豬脾凡六畜之脾。人宜一生忌食之。

豬腎性味鹹。冷。無毒。理腎氣。通膀胱。強腰膝。治耳聾。久食令人傷腎少子。腎氣虛寒者不宜食。

豬腦性味甘。寒。有毒。療風眩腦鳴。凍瘡。禮記者食豚去腦蓋能損男子陽道臨房不能行事。酒後尤不可食。令人以鹽酒食豬腦。是自引賊也。

豬腸性味甘。微寒。無毒。療虛渴。小便數。補下焦虛竭。

豬蹄。性味甘。鹹。小寒。無毒。煮汁服下乳汁解百藥毒。洗傷撻諸敗瘡。

豬髓性味甘。寒。無毒。補骨髓。益虛勞。

凡花豬。病豬。白蹄豬。自死豬。煮汁黃者爲黃鑢豬。肉中有米星者。俱不可食。燒肉忌用桑柴火。凡煮肉同皂莢丁。桑白皮高良薑黃蠟不發風氣。得舊籬篾易熟。煮肉封鍋入楮實子二三十粒則易爛。且香。春夏月用醋煮肉可數日。臘肉將熟以紅炭投鍋內。則無油蔹氣。洗豬肚用麪。洗腸臟用砂糖。能去穢氣。中病豬毒者。燒豬屎爲末。水服錢許三次可瘥。過食豬肉傷。燒豬骨爲末水服。或服胡荽汁生韭汁或加草果可消。煮硬肉入山查數顆易爛。

豬獾

【性味】甘。酸。平。無毒。

【効能】水腫久不瘥。垂死者。作羹食之。下水大效。上氣。虛乏。咳逆。勞熱。和五味煮食。下痢赤白久不瘥煮肉露一宿空腹和醬食 。一頓卽愈。瘦人煮和五味食。長飢肉。

【食用】供饌用。參看狗獾條。

猫肉

【性味】甘。酸。温。無毒。

【効能】療鼠瘻蠱毒。

【食用】炙食鹽醃食供饌。畜之者以虎形。利齒。尾長。腰短。目如金銀。上齶多稜者。爲良。其睛可定時辰。子午卯酉如一線。寅申巳亥如滿月。辰戌丑未如棗核也。其鼻端常冷。惟夏至一日則煖。性畏寒不畏暑。能畫地卜食。隨月旬上下囓鼠。其孕兩月而生。猫有病以烏藥水灌之可愈也。

貓貍

【性味】甘。平。無毒。

【効能】補中益氣。去遊風。作羹臛。治痔及鼠瘻。不過三頓甚妙。治溫鬼毒氣皮中如針刺。

【食用】炙食供饌。正月勿食。傷神。食貍去正脊。不利於人。貍類甚多。性味相同反黎盧細辛。

駱駝

【性味】甘。温。無毒。

【効能】諸風。下氣。壯筋骨。潤肌膚。脂和米粉作煎餅食療痔。

【食用】駝峯爲八珍之一。味極甘美。駝能知泉源風候。行沙漠中不得水。駝以足踏處。掘之卽得泉。風將至駝必聚鳴。埋口鼻於沙中。

麋肉

【性味】甘。温。無毒。

【効能】益氣。補中。治腰脚。

【食用】炙食煮食均可。多食令人弱房發脚氣。姙婦食之令子目病。不可合豬肉雉肉鮠魚雞肉菰蒲食。發痼疾。同蝦及生菜梅李食。損男子精氣。麋脂不可近陰令痿。亦不可同桃李食。淮南子云。孕婦見麋。生子四目。

鼬鼠

【性味】温。羶。臭。有小毒。

【効能】煎油塗瘡疥殺蟲。

【食用】醃食差可。鮮者羶臭不堪食。

騾肉

【性味】苦。温。有小毒

【効能】

【食用】騾性頑劣。肉不益人。多食令人健忘。姙婦食之難產。

麝肉

【性味】甘。温。無毒。

【効能】治腹中癥病。食之不畏蛇毒。

【食用】炙食供饌忌大蒜。其臍名麝香。不可近鼻。有白蟲。入腦患癩。

麞肉

【性味】甘。温。無毒。

【効能】補益五臟。凡人心膽粗豪者食其心肝即減。胆怯者愈怯。

【食用】十二月至七月食之動氣。多食發消渴。及痼疾。瘦惡者勿食。同鴿食成瘕。同梅李生菜蝦食並能病人。

驢肉

【性味】甘。涼。無毒。

【効能】療風狂憂愁不樂能安心氣。脂敷惡瘡疥癬。

【食用】同五味煮食。或以汁作粥食。與荊芥茶相反。同食殺人。同鳧茈食。令人筋急。多食動風。脂尤甚。屢試屢驗。凡驢無故自死者。疫死者。力乏病死者。並有毒。不可

食。有疥癩及破爛瘦損者食之生疔腫。妊婦食之。令難產。同豬肉食傷氣。熱驢血和麻油一盞攪勻。去沫。即成白色。飲之利大小腸潤燥結。下熱血。

諸肉有毒

(一)六畜自死首北向。(二)六畜自死口不閉。(三)六畜疫病疔疥死。(四)獸歧尾。(五)諸獸足赤。(六)諸畜肉中有米星。(七)獸並頭。(八)禽獸肝青。(九)諸獸中毒及藥箭死。(十)脯沾屋漏水。(十一)米甕中肉脯。(十二)六畜肉熱血不斷。(十三)祭肉自動。(十四)諸肉經宿未煮。(十五)六畜五臟著草自動。(十六)脯曝不燥。(十七)生肉不斂水。(十八)六畜肉得鹹酢不變色。(十九)肉煮熟不斂水。(二十)肉煮不熟。(二十一)六畜肉墮地不沾塵。(二十二)肉落水浮。(二十三)肉汁器盛閉

氣。(二四)乳酪煎膾。(二五)六畜肉與犬不食者。

以上幷不可食。能殺人。輕則病人或生癰毒。諸腦損陽滑精。經夏臭脯痿人陰成水病。諸脂燃燈損目。 春不食肝。 夏不食心。秋不食肺。冬不食腎。四季不食脾。

解諸肉毒

(一)伏龍肝末。(二)本畜乾屎末。(三)黃蘗末。(四)赤小豆燒存性末。(五)東壁土末。(六)頭垢一錢起死人。(七)白扁豆末。(併水服)。(八)飲人乳汁。(九)豆豉汁。(十)藥箭毒以大豆煮汁或以鹽湯解之。(十一)食肉不消還飲本汁或食本獸腦即消。

鱗介部

文蛤肉

【性味】鹹。平。無毒。

【効能】止煩渴。利小便。化痰。軟堅。治咳逆。胸痺。腰脅痛。大孔出血。女人崩中漏下。

【食用】清燉或炒食均可。餘同海蛤。宜忌。

文鷂魚

【性味】甘。酸。無毒。

【効能】婦人難產。燒黑研末。酒服一錢。臨月帶之。令人易產。

【食用】與諸魚食法同。姙娠者不可食。

比目魚

【性味】甘。平。無毒。

【効能】補虛。益氣力。

【食用】與諸魚類同。但多食動風氣。有風濕病勿食。

四足魚

【性味】待考。

【効能】小兒疳疾。調粥食之。

【食用】油煎湯煮均可。其宜忌待考。

瓦楞子肉

【性味】甘。鹹。平。無毒。

【効能】散血塊。消痰癖。同作祛痰藥。又為軟堅解凝藥。

【食用】粵人重其肉。炙以薦酒。呼為天臠。粵人謂之蜜丁。凡食訖以飯壓之。否則令人口乾。過食則壅氣。

田螺肉

【性味】甘。大寒。無毒。

【効能】塗瘡癬。治目痛。醒酒。止渴。通水。利膈。用作解熱解毒之品。

【食用】肉和小麥麪拌炒食甚甘美。但有冷積人勿食。清明後其中有蟲不可食。其肉視月盈虧故於月盈時取食。則肉多。食時少加薑或胡椒。以殺其寒或蟲。

田雞

【性味】甘。寒。無毒。

【効能】解勞熱。利水。消腫。補虛損。

【食用】或炒或煮以供饌食。必入薑以殺其寒。而去其穢惡。若熱食其骨。令小便淋。妊婦食之。令子聲啞。壽天。小蛙食多令尿閉臍下酸痛。有至死者。擂車前水可解。正月出者名黃蛤。不可食。

白魚

【性味】甘。平。無毒。

【効能】開胃。下氣。去水氣。令人肥健。

【食用】鮮者可和豉作羹。或醃或糟藏皆可。多食熱中生痰。泥人膈。發炙瘡。同棗肉食患腰痛。經宿者勿食。令人腹冷。炙食亦少動氣。患瘡瘑者勿食。能發膿。

石首魚（俗名黃魚）

【性味】甘。平。無毒。

【効能】調中。和胃。止痢用作消化健胃藥。

【食用】鮓者炙食煮食供饌。曝乾爲白鯗食

之。能消瓜成水。有一種黃花魚。形狀相似。但色黑耳。

石斑魚

【性味】甘。温。有毒。

【効能】無。

【食用】炙食供饌。其子及腸有毒。食之令人吐瀉。因此魚有雌無雄。性又淫。春日與蛇及蜥交故也。中其毒以魚尾草煮汁解之。

吐鐵（一名麥螺。泥螺。梅螺。）

【性味】甘。酸。鹹。寒。無毒。

【効能】補肝腎。益精髓。明耳目。潤喉燥。

【食用】於桃花時捕取。以鹽酒糟糝漬製之。可久藏供食用。鮓者炙食之。

杜父魚

【性味】甘。温。無毒。

【効能】補脾胃。壯陽道。治噎膈。消水腫。療疥瘡。治小兒陰核大。小擘開。口咬七下即消。

【食用】炙食煮食均可供饌。患瘡癤者忌食。脊有細蟲如髮宜去之。

牡蠣肉（俗呼鮑魚）

【性味】甘。温。無毒。

【効能】治虛損。調中。解丹毒。婦人血氣。以薑醋生食。治丹毒。酒後煩熱止渴。細肌膚。美顏色。據日人白根敏郎氏硏究。以爲中含有物質。在人體中助白血球之活動。有極大撲滅結核菌之作用。凡未咯血及下利之肺結核。極易治愈。服用見効期。在四五日至二十日。然至重病則無効。

【食用】煮食炙食。均甚鮮美。男子多食。令人無髭。

車渠肉

【性味】甘。鹹。寒。無毒。

【効能】消瘀血。散痰積。

【食用】炙食甚美。多食令人壅氣。同飯食不口乾。其殼作杯注酒。滿過一分不溢。

本品之細小者名瓦壟子。又名蚶肉。性味甘。鹹。平。無毒。粵人炙以荐酒。呼爲天臠。粵人又謂之蜜丁。

車螯肉

【性味】甘。鹹。冷。無毒。

【効能】解酒毒。消渴。幷癰腫。

【食用】炙食甘美。不可多食。

河豚

【性味】甘。溫。有毒。

【効能】補虛。去濕氣。理腰腳。去痔疾。殺蟲。

【食用】烹食味甚美。多食發風助濕。動痰。有痼疾瘡瘍者不可食。食不可盡飽。防發脹。與荊芥菊花桔梗甘草附子烏頭相反。誤入烟煤。或沾灰塵。食之幷能殺人。三月後卽肉內生斑。不可食之。姙婦食之。令子赤遊風。其血有毒。脂令舌痲。子令腹脹。眼令目花。肝及子有大毒。入口爛舌。入腹爛腸。無藥可解。故食者須修治得法。中其毒者。以橄欖蘆根汁糞淸甘蔗汁解之少効。或用鴨血灌之少解。服藥人不可食。海中產者。極肥大者。腰腹有紅筋者。赤目者。誤食殺人。諸藥不能解。養生者宜遠之。又一種斑子魚。形似小河豚。其性味有毒。與河豚相同。

泥鰍

【性味】甘。平。無毒。
【効能】同米粉煮羹食。調中收痔。煮食炙食暖中益氣。醒酒。解消渴。
【食用】和燈芯草煮甚妙。勿同白犬血肉食。忌桑柴火煮。

青魚

【性味】甘。平。無毒。
【効能】治脚氣脚弱。煩悶。益氣力。
【食用】炙食煮食供饌。勿與生胡荽麥醬豆藿生葵同食。服朮人忌之。

玳瑁肉

【性味】甘。平。無毒。
【効能】清熱。潛陽。熄風。專作解毒品。行氣血。利大小腸。通婦人經脉。
【食用】炙食甘美。脾胃虛寒有冷積人勿食。

風蛤

【性味】溫。暖。無毒。
【効能】治風痺。手足拘攣。折傷。
【食用】煮食佐餐。

海月肉

【性味】甘。辛。平。無毒。
【効能】瀉濕熱。煎湯洗鶴膝風。
【食用】煮食佐餐。

海蛇

【性味】鹹。温。濇。無毒。

【効能】祛風。消痰。行積。治頭風痞塊。療無名腫毒。

【食用】浸以石灰礬水則色白。生熟皆可食。茄柴灰同鹽水醃之尤良。

海螄

【性味】鹹。寒。

【効能】治瘰癧結核。能降鬱氣。

【食用】以花椒末洒之。麻油拌食。

海螺

【性味】甘。冷。無毒。

【効能】目痛累年。或三四十年。取汁洗之。或入黃連粉。取汁點之。合菜煮食。治心痛。

【食用】可以供饌。脾寒腹冷者勿食。

海鰕

【性味】甘。平。有小毒。

【効能】殺蚘蟲。止身痒。

【食用】炙食味美。勿同豬肉食。令人多唾。

海鷂魚

【性味】甘。鹹。平。無毒。

【効能】男子白濁。膏淋。玉莖澀痛。

【食用】宜臘食。生者其尾有毒螫人陰處令人陰痛至死。拔去乃愈。以魚扈竹及海獺皮解之。

海鰻鱺

【性味】甘。平。有小毒。

【効能】療皮膚惡瘡。疥癬。疳䘌。痔瘻。

【食用】煮食炙食均可供饌。餘參看鰻鱺魚條。

海參

【性味】甘。鹹。溫。無毒。

【効能】補腎經。益精髓。消痰涎。攝小便。壯陽道。殺瘡蟲。降火潤燥。生血之功。捷於歸芎。

【食用】煮食或焙乾研末食。患泄瀉痢下者勿食。

烏鰂魚

【性味】酸。平。無毒。

【効能】益氣。強志。通月經。

【食用】味甚珍美。多食動風氣。

珠鼈

【性味】甘。酸。無毒。

【効能】食之辟疫癘。

【食用】參看鼈條。

蚌

【性味】甘。鹹。冷。無毒。

【効能】止渴。除熱。解酒毒。去眼赤。

【食用】炙食味鮮美。多食發風動冷氣。馬刀形者有毒。

蚺蛇

【性味】甘。溫。有小毒。

【効能】除疳瘡。辟瘟疫瘴氣。手足風痛。皮膚風毒。

【食用】肉味鮮美其膾著醋能卷筋。須以芒管作筋四月勿食蚺蛇。

勒魚

【性味】甘。平。無毒。

【効能】開胃暖中。

【食用】炙食烹食供饌。作鮝尤良。甜瓜生者。用勒魚骨插蒂上。一夜即熟。石首鮝魚亦然。

帶魚

【性味】甘。平。無毒。

【効能】和中開胃。祛風殺蟲。

【食用】鹽醃風乾。久藏不壞。煎烹味美。多食發疥。有疥瘡人勿食。

淡菜

【性味】甘。温。無毒。

【効能】補虛勞。精血衰少。治腹內冷痛疝瘕。潤毛髮。婦人產後血瘀。崩中帶下。

【食用】燒食苦不宜人。以少米先煮熟後去毛。再入蘿蔔或紫蘇或冬瓜同煮佳。多食令頭目昏悶微利乃已。久食脫人髮。服丹石人食之腸結。

章魚

【性味】甘。鹹。寒。無毒。

【効能】養血益氣。

【食用】烹食味鮮美。

雪鮯

【性味】甘。温。無毒。

【効能】益氣力。健筋骨。活血行氣。逐水利濕。

【食用】炙食。作膾尤佳。

渼阪魚

【性味】

【効能】療痔疾。

【食用】供饌用參看魚條。

本品係產於陝西鄠縣漢阪地方。

蛤蜊肉

【性味】鹹。冷。無毒。
【効能】潤五臟。止消渴。開胃。治老癖爲寒熱。婦人血塊。醒酒。以枇杷核同煮脫丁。
【食用】宜煮食。與服丹石人相反。食之令腹結痛。素患腹冷者亦忌食。

黃頷蛇

【性味】甘。温。有小毒。
【効能】治風癩頑癬惡瘡。
【食用】煮食。

黃顙魚（一名鉠魚）

【性味】甘。平。微毒。
【効能】醒酒。祛風。消水腫。利小便。燒灰治瘰癧久潰不收斂。及諸惡瘡。
【食用】煮食。炙食亦佳。反荊芥同食則害人。多食發瘡疥。不益人。其膽春夏近上。秋冬近下。

黃鯝魚

【性味】甘。温。無毒。
【効能】白煮汁飲。止胃寒泄洩。
【食用】煮食供饌。其油點燈令人昏目。

蜆肉

【性味】甘。鹹。冷。無毒。
【効能】去暴熱。明目。利小便。理脚氣。解酒毒目黃。通乳。
【食用】糟煮食良。多食發風動冷氣。馬刀肉有毒。

嘉魚

【性味】甘。温。無毒。

【効能】煮食療腎虛消渴。勞瘦虛損。令人肥健悅澤。

【食用】供饌用。久食力強於乳。因嘉魚常食乳石沫故也。

對蝦

【性味】甘。鹹。温。有小毒。

【効能】補腎興陽。燒酒浸服。幷療痰火後半身不遂。筋骨疼痛。

【食用】炙食供饌。參看蝦條。

綠毛龜

【性味】甘。鹹。平。無毒。

【効能】通任脈。助陽道。補陰血。益精氣。治痿弱。

【食用】以黃土裹煨熟食。參看龜條。

䰾魚

【性味】甘。平。熱。

【効能】壯陽道。固精髓。八十老翁食之多子。

【食用】炙食烹食均可。有實熱者忌食。

鮑魚

【性味】辛。臭。温。無毒。

【効能】癆瘵。三期肺病可療。女子崩中血不止。同麻仁葱豉煮羹通乳汁。

【食用】煮食供饌。多食不易消化。

龜

【性味】甘。酸。温。無毒。

【効能】煮食除溼痺。風痺。身腫。踒折。

【食用】煮熟入鹽豉蒜蓼食。名曰蘊龜。不可合豬肉。菰米。瓜。莧。食。六甲日及十二月不可食損人神。頭方脚短殼圓版白爲陽。頭尖脚長殼長版白爲陰。其息以耳。腸屬於首。龜年至八百反大如錢。聞鐵聲則伏。蚊嚙則死。香油抹眼。入水不沈。老桑柴火煮之易爛。龜尿磨磁器能令軟。磨墨書石能入數分。取龜尿以猪鬃或松葉刺龜鼻又以龜置瓦盆中以鏡照之卽出。呷蛇龜肉有毒不可食。

螺螄

【性味】甘。寒。無毒。

【効能】醒酒。解熱。明目。利大小便。瀉黃疸水腫。治反胃痢疾脫肛痔漏。

【食用】本品與田螺相似。但殼稍厚。參看田螺條。

鮠魚（卽回魚）

【性味】甘。平。無毒。

【効能】開胃下膀胱水。

【食用】炙食煮食供饌。多食動痼疾。與野豬野雞肉同食。令人生癩。同鹿肉食殺人。赤目赤鬚者不可食。

鮧魚（卽鮎魚）

【性味】甘。温。有小毒。

【効能】療水腫。利小便。治口眼喎邪切尾尖朝吻貼之卽正。五痔下血肛痛。同葱煮食。

【食用】炙食煮食供饌。同牛肝食令人患風噎涎。同鹿肉食。令人筋甲縮。同野豬肉食。令人吐瀉。同雉肉食。令人生癰瘤。赤目赤鬚無腮者有毒。殺人反荊芥。

鮫魚

【性味】甘。平。無毒。
【効能】補五臟作鱠食功亞於鯽魚亦可作鮓。甚益人。
【食用】炙食煮食供饌。作鱠作鮓均佳。鮫魚皮性味甘。鹹。平。無毒。療鬼疰。蠱毒。吐血。益心氣。解魚毒。及食魚成瘕。鮫魚翅性味甘平無毒。補五臟。消魚積。解蠱毒。益氣開膈。托毒。長腰力。清痰。開胃進食。本品以滰泉煮好剔取純軟刺作成團如胭脂餅狀。名沙刺片者爲佳。

黿

【性味】甘。平。無毒。
【効能】食之補益。解酒氣。邪氣。諸蠱毒。
【食用】烹食供饌。裂而懸之一夜便覺垂長至地聞人聲則收。腸屬於首。以繫爲雌。其脂摩鉄則明。

鮹魚

【性味】甘。平。無毒。
【効能】五痔下血。瘀血在腹。
【食用】烹食炙食供饌。患癰疽者勿食。

鯉魚

【性味】甘。平。無毒。一云有微毒
【効能】行水。消腫。理脚氣。治黃疸。宜煮食。
【食用】煮食炙食均可。鯉脊上兩筋及黑血有毒宜抽洗淨盡 。溪澗生者毒在腦。山上水中牛者不可食。炙鯉勿使烟氣入目。大損目光。三日內必驗。其脊鱗一道。自首至尾。大小皆三十六數。陰極則陽復。故有發風動火之害。同犬肉豆藿食。令病消渴。同葵菜食傷人。天行病後。及下痢者。有宿癥者。俱不可食。風病人食之。貽禍無窮。服天門冬紫蘇龍骨硃砂人忌食。鯉魚子合猪肝能害人。勿同雞肉雞子食。

鯊魚

【性味】甘。平。無毒。

【効能】理中益氣。

【食用】炙食煮食供饌。多食發瘡疥。此魚小時卽有子。長大亦祇五六寸。忌甘草。

鱓肉

【性味】甘。温。無毒。

【効能】補虛。主冷痢。煮食之去胸中邪熱。煩悶。飯後食之。幷治婦人產後虛損。

【食用】天行時病後不可食之。

蟹

【性味】鹹。寒。有小毒。

【効能】散血結。瀉諸熱。婦人乳癰硬腫。小兒顱解。其殼搗敷疥瘡漆瘡。

【食用】生烹鹽藏。糟收酒浸。醬汁浸。皆爲佳品。多食動風發霍亂。風疾人不可食。姙婦食之損胎。令子頭短。及橫生。不可同橘棗荊芥食。同柿食成冷積腹痛。服木香汁可解。未經霜者有毒。腹中有蟲如木鱉子而白者。不可食。大能發風。獨螯獨目四足六足兩目相向。腹下有毛。殼中有骨。頭背有黑點。足斑目赤者。並有毒不可食。中其毒者服冬瓜汁豉汁紫蘇汁蒜汁蘆根汁皆可解之。糟蟹罐上放皂莢半錠。可久留不壞。罐底入炭一塊不沙。見燈易沙。得椒易膩。得皂莢或蒜及韶粉可免沙 。膩得白芷則黃不散。得葱及五味子同煮。則色不變。其黃能化漆爲水。其螯燒烟能集鼠。蟚蜞有毒。食多發吐痢。又有劍蟹之類。並有毒不可食。雄者臍長。雌者臍圓。腹中之黃。隨月盈虧。流水生者色黃而腥。止水生者。色紺而馨。又凡食蟹中毒者。搗藕節熱酒調服解之。

鯔魚

【性味】甘。平。無毒。
【効能】開胃。利五臟。令人肥健。
【食用】烹食炙食供饌。與百藥不忌。

鯢魚

【性味】甘。有毒。
【効能】食之已疫疾。
【食用】捕獲後。炙以火。或陰乾俟其黏液分泌已盡。然後烹食或懸縛樹上鞭至白汁出如構汁乃烹食之。

鯧魚

【性味】甘。平。無毒。
【効能】令人肥健。益氣力。
【食用】和生薑粳米煮骨皆輭。腹中子有毒食之令人痢。

鯶魚（一名鯇魚即草魚）

【性味】甘。温。無毒。
【効能】暖胃。和中。其膽用酒化服。能治

一切骨梗竹木刺在喉中。
【食用】供饌用。多食發諸瘡。及濕毒流氣痰核病。

鰻魚

【性味】甘。平。無毒。
【効能】補五臟。益筋骨。和脾胃。
【食用】供饌用多食宜人。作鮓尤佳。曝乾香美。亦不發病。

鯽魚

【性味】甘。溫。無毒。
【効能】益脾。和中。行水。實腸。合蓴作羹。主胃弱不下食。合五味煮食。補虛羸。以薑醋炙食。治噤口痢。或赤白痢。
【食用】炙食煮食供饌。同蒜食助熱。同砂糖食。生疳虫。同芥菜食發浮腫。同雞雉鹿猴肉及猪肝食。生癰疽。服麥門冬者。食之害人。鯽魚子忌同猪肝食。

鯿魚

【性味】甘。溫。無瘡。
【効能】調胃氣。利五臟。和芥食之。能助肺氣。去胃氣。消穀。作鱠食之。助脾氣。令人能食。作羹臛食宜人。功與鯽魚同。
【食用】炙食烹食供饌用。病疳痢人勿食。

鯑魚

【性味】甘。有毒。
【効能】食之療瘕疾。
【食用】本品形如鮎鯢。腹翅如足啼聲如兒。故有人魚孩兒魚之稱。不可以爲食品。

鰕

【性味】甘。溫。有小毒。
【効能】補陽氣。吐風痰。下乳汁。壯陽道。
【食用】炙食作羹食均佳。多食動風助火。發瘡疾。有病人及患冷積者勿食。小兒食之令脚弱。雞犬食之亦令脚屈弱。生水田溝渠中者有毒。以熱飯盛密器中。作鮓食。令人中毒死。鰕無鬚者腹下通黑及煮熟色白者並有毒不可食。勿與鹿麞肉猪肉雞肉同食。姙婦食之令子難產。
鰕子性味甘。溫。無毒。助陽。通血脉。
鰕米性味甘。平。無毒。宜吐風痰。

海鰕

【性味】甘。鹹。平。有小毒。
【効能】參看鰕條。
【食用】鹽漬曝乾乃不發病。餘參看鰕條。

鰣魚

【性味】甘。平。無毒。
【効能】補虛勞。
【食用】炙食烹食供饌。多食發痼疾及瘡疥瘠疾。

鰈魚

【性味】甘。平。無毒。
【効能】止嘔。暖中。益胃。
【食用】炙食烹食供饌。

鰱魚

【性味】甘。温。無毒。
【效能】温中。益氣。炙食治噤口痢。
【食用】烹食味鮮美。多食令人熱中發渴。或發瘡疥。

鰷魚

【性味】甘。温。無毒。
【效能】煮食解憂。煖胃。止冷瀉。
【食用】炙食煮食供饌。多食發瘡疥丹毒。

鰻鱺

【性味】甘。平。有毒。
【效能】補虛羸治瘡瘻。有祛風殺蟲効能。
【食用】以五味煮食甚補益。同白果食患輭風。多食動風。妊婦食之。令胎有疾。有重三四斤者。昂頭三寸遊者。四目者。無腮者。背有白點者。腹有黑斑者。並有毒。食之殺人。尖頭劍脊黑色者。食之無味。其骨燒烟熏紋。令化爲水。熏氈及屋舍竹木斷蛀蟲置書筒衣箱不生蠹。海鰻鱺性味相同暖而不補一種肉粗無油者勿食。乾者名風鰻。

鱅魚

【性味】甘。温。無毒。
【效能】暖胃益人。
【食用】鰱之美在腹。鱅之美在頭。宜煮食。其目旁有乙骨。食魚去乙。是矣。多食動風熱。發瘡疥。

鱎魚

【性味】甘。平。無毒。
【效能】和中益氣。令人喜悅。
【食用】本品春月自巖穴中隨水流出。狀如化生魚苗。取收曝乾爲鮝味頗美。

煎可作醬。

鱒魚

【性味】甘。溫。無毒。
【効能】暖胃和中。
【食用】炙食供饌多食動風氣。助溼熱。發瘡癧癬疥及痼疾。

鱓魚

【性味】甘。大。溫無毒。
【効能】補中益氣。祛風溼。通經脉。其血塗癬瘻。婦人產後惡露淋瀝。
【食用】炙食入嫩蘇葉同炒味美。多食令人霍亂發瘡疾。動風氣。損人壽。時行病後食之復發。勿與犬肉犬血同食。姙婦食之。令子聲啞。黑而大者有毒。食之殺人。畜水缸內夜以燈照通身浮水。而項下有白點。此

乃蛇變者急宜棄之。以蒜瓣投缸中。則羣鱓跳擲不已亦物性相制也。煮鱓忌桑柴。食鱓中毒食蟹即解。

鱖魚

【性味】甘。平。無毒。
【効能】補虛勞。益脾胃。令人肥健。其腹內惡血。能殺腹內小蟲。
【食用】本品無小刺最宜作羹。或糖醋溜食。惟鬐刺十二誤梗害人以橄欖磨水服可解。

鱘魚

【性味】甘。平。無毒。
【効能】補虛益氣。令人肥健。
【食用】烹食供饌。多食動風氣。發一切瘡疥。久食令人心痛腰疼。同筍乾食

發癱瘓。小兒食之成咳嗽。及癥瘕。能發諸藥毒。作鮓雖珍亦不益人。

鱟魚

【性味】辛。鹹。平。無毒。

【効能】療痔殺蟲。

【食用】供饌用多食發咳嗽及瘡癬。其血碧色。尾有珠如栗。燒脂可以集鼠。蚊螫即死。小者名鬼鱟食之害人。

鱠殘魚（一名銀魚）

【性味】甘。平。無毒。

【効能】作羹食寬中益胃。

【食用】本品在清明節前有子。食之甚美。清明節後子散而瘦。可作鮓臘。曝乾亦佳。

鱣魚（一名黃魚）

【性味】甘。平。有小毒。

【効能】利五臟。

【食用】本品味極肥美。江南人尤重之。多食生痰助熱發風動氣。發瘡疥。同蕎麥麪食。令人失音。作鮓食令人難尅化。服荊芥藥者忌之。其肝勿以鹽炙食。

鱧魚（一名七星魚）

【性味】甘。寒。無毒。

【効能】瀉熱。行水。有利尿消腫祛濕功用。其腸肝以五味炙香貼痔瘻。

【食用】本品炙食可供饌。有瘡人不可食。令人瘢白。

鱸

【性味】甘。冷。無毒。

【効能】傷中益氣。補不足。其頭瓦焙研粉麻油調敷脫肛。

【食用】以五味烹食。凡食鼈以其膽汁遍塗。則味美而不腥。同豬兎鴨肉食損人。同芥子食生惡瘡。同莧菜食令腹中成肉鼈害人。不可同桃子鴨子雞子食。禮記云食鼈去醜。謂頸下有輭骨如龜形。食之令人患水病。腹有冷氣癥瘕人。不宜食之。凡鼈三足者。赤足者。獨目者。頭足不縮者。目四陷者。腹下有王字形者。十字文者。腹有蛇蚊者。目白者。山上生者名旱鼈。並有毒。食之殺人。夏天亦有蛇交者食須愼之。妊婦食鼈。令子短項。薄荷煮鼈能害人。鼈無耳。以目爲聽。

鱝魚

【性味】甘。温。無毒。

【効能】貼痔瘻。合田土壁土。入苦酒浸燒紅貼之。

【食用】炙食供饌多食發瘡疥助火動風發疾。

鼉肉

【性味】甘。温。有小毒。

【効能】治少氣。吸吸足不立地。腹內癥瘕。

【食用】食之發冷氣痼疾其涎有毒。且身具十二生肖肉。惟蛇肉在尾最毒。宜去之。

鱵魚

【性味】甘。平。無毒。

【効能】食之辟疫。
【食用】炙食供饌。

鱸魚

【性味】甘。平。有小毒。
【効能】補五臟益筋骨。和腸胃。治水氣。安胎。
【食用】烹食味美。作鮓尤良。曝乾甚香美。多食發瘡腫。成痃癖。勿同乳酪食。肝不可食。剝人面皮。中鱸魚毒者。飲蘆根汁可補。

諸魚有毒

(一)魚目有睫。(二)目能開合。(三)二目不同。(四)逆腮。(五)全腮。(六)白鬐。(七)腦白連珠。(八)腹下丹字形。(九)形狀異常者。並有毒勿食。凡一切無鱗魚有毒宜少食。姙婦食之難產令子多疾。

解諸魚毒

(一)黑豆汁。(二)馬鞭草汁。(三)橘皮汁。(四)大黃汁。(五)蘆根汁。(六)朴硝湯。
凡中鰍鱓鰕鱉蝦蟆毒令臍下痛小便祕。用豆豉一合。煎濃汁。頻飲之可解。
凡洗魚滴生油數點則無涎煮魚下沒藥少許則不腥。
收藏銀魚鯗魚以乾豬草一處則色味不變收藏白鯗以乾稻柴同包佳

釀造部

白沙糖

【性味】甘。寒。冷利。無毒。

【成分】日本使用之沙糖。惟蔗糖一種。糖分在九十八分以上但粗製品臭色俱深。味亦甚惡。且呈酸性反應。糖分減少。灰分增多。

【効能】補肺益脾。調營和血。專作營養及嗜好品。亦爲緩和祛痰品。止潄解渴。殺魚腥。制豬肉毒。辟韭蒜臭。

【食用】製果品。和菜蔬。調五味。用途甚廣。但多食久食。則損齒生蟲。痞滿。嘔吐。濕熱不淸及患諸瘡忌食。

光明鹽

【性味】鹹。甘。平。無毒。

【効能】止頭痛。諸風。目赤痛。多眵淚。其他功用多同戎鹽。

【食用】用以調味。宜忌與各鹽類同。

「附注」光明鹽卽石鹽。色白如水晶。

戎鹽

【性味】鹹。寒。無毒。

【効能】滋腎水。瀉血熱。用作解熱解毒藥。又爲緩和滋養品。能明目益氣。

【食用】用以調味宜忌與諸鹽同。

米酒

【氣味】苦。甘。辛。大熱。有毒。

【成分】清酒之純粹者。其越幾斯分與酒精之比例。普通在一與四五之間。酒漸劣則越幾斯分漸多。新釀之酒。有不明之揮發酸。且發一種固有之臭氣。糖分及糊精亦多。陳久則其量自少。其酸除醋酸外。并含有乳酸牛酪酸等。清酒中酒精發酵之副產物。爲甘油。琥珀酸。牛酪酸。乳酸。富攝爾油等。酸之總量爲○、二至○、五%者。乃下等酒也。若酸敗之酒。且多至○、五%以上。富攝爾油多者。飲之易醉。糖分多者飲之多下利。又溷濁不清之酒。中含各種黴菌。飲之亦下利。又酒之主要成分。爲酒精。含十至十六%。餘則爲越幾斯二至四%。若糖分糊精甘油酸灰分等。與越幾斯酒精相較。不過一與四五之比例已耳。

【効能】行藥勢。殺百邪惡毒氣。調氣和血。用作興奮及順血劑。

【食用】多飲助火生痰。昏神輭體。損筋骨逸。傷脾胃。耗肺氣。夭人壽。飲冷酒。同牛肉食。令人生蟲。同乳飲。令人氣結。同胡桃食。令咯血。酒醉臥黍穰。食豬肉。患大風。酒同芥食。及合辛辣等物。緩人筋骨。酒後飲茶多。傷腎。聚痰。成水腫。及攣痛。腰脚重墜。膀胱疝證。腹下冷痛。消渴。痰飲。久飲過度。令人精薄無子。醉臥當風成癜風。癱瘓。醉後浴冷水。成痛痺。凡用酒服丹砂雄黃等藥。能引藥毒入四肢。滯血化爲癰疽。中一切砒蠱等毒。從酒得者不治。凡飲酒宜温不宜熱。宜少不宜多。飲冷酒成手戰。有火證。目疾。失血。痰嗽。痔漏。瘡疥者。幷宜忌之。飲酒者喜鹹惡甘。勿同甜物食。枳椇。葛花。赤豆花。菉豆粉。皆能醒酒解毒。酒漿照人無影。及祭酒自耗者。勿飲。酒酸以赤小豆一升炒焦入罐內可變好。

米油

【性味】甘。平。無毒。

【効能】滋陰。長力。肥五臟實毛竅。利小便。通淋。幷治精清不孕。

【食用】每日撇出一碗。淡服最佳。

本品乃米和水煮粥時。鍋內浮釃滑之膏油。

米醬水

【性味】甘。酸。微温。無毒。

【効能】解渴。化滯。

【食用】炊粟米熟投冷水中。浸五六日。味酢生白花。取其汁用之。浸至敗者損人。同李食。令霍亂吐利。醉後飲令失音。姙婦食之。令兒骨瘦。水漿尤不可多飲。令絕產。

豆腐

【性味】甘。鹹。寒。有小毒。

【成分】每百公分（約三兩餘）約有七公分蛋白質。豆腐乾約十八公分。蘑菇豆腐約二十四公分。香豆腐乾約二十公分。大塊油豆腐約二十五公分。小塊油豆腐約三十九公分。千張（百頁）約三十三公分。豆腐皮約四十七公分。凡豆腐類蛋白質的含量。各高出肉類之上。豆腐皮的量。則三倍至五倍於猪肉。甲種維生素頗少。乙種維生素稍多。丙種維生素幾乎沒有 。若用菜類同煮。可以互相補充。豆腐鐵質含量。除豆腐外。均超過牛猪雞肉等鈣質含量也超過。相差十數倍至百餘倍之多。每百公分千張的鈣質。約有七百三十公絲。而鮮牛肉祇有五公絲至七公絲。

【効能】寬中益氣。和脾胃。消脹滿。下大腸濁氣。

【食用】炙食煮食均鮮美。多食動風氣。作瀉。發腎邪。及瘡疥頭風病。夏月少食。恐人汗入內。食之生疔毒。

凡傷豆腐及中毒者。食萊菔杏仁可解。

豆腐皮

【性味】甘。平無毒。

【効能】養胃。滑胎。解毒。小兒遍身起羅網蜘蛛瘡。瘙痒難忍。燒灰以香油調傅之。

【食用】炙食煮食均佳。或用以包裹肉類再炙。則爲佳饌矣。

豆腐乳

【性味】鹹。甘。平。無毒。

【効能】養胃。調中。

【食用】用其汁燉豬肉。別有風味。有咳人及患瘡癤人均忌食。

豆腐渣

【性味】甘。淡。平。無毒。
【効能】養胃。調中。潤腸。
【食用】可以佐饌。或曝乾令霉。別有風味。鮮者腸滑人勿食。乾者有咳及患瘡癤人勿食。

豆腐漿

【性味】甘。微鹹。平。無毒。
【効能】清咽祛膩鹽滷毒。瀉熱下氣。利便通腸。止淋濁。入銀杏研服。
【食用】以糖調服。清爽可口。脾胃虛寒者勿食。多食使人滑瀉。

赤沙糖

【性味】甘。寒。無毒。（一云味甘性溫）
【効能】化瘀和血。用作和緩營養品。
【食用】用途甚多。多食令人心痛。生長蟲。消肌肉。損齒發疳。同鯽魚食生疳蟲。同葵菜食成流癖。同筍食成瘕。令身重不能行。今人每用爲調味。徒取其適口。而不知陰受其害也。

乳餅

【性味】甘。微寒。無毒。
【効能】潤五臟。利大小便。益十二經絡。
【食用】煮食油炙食均可。若切豆大麵拌酸漿水煮二沸頓服。能治赤白痢。小兒服之彌良。

金橘餅

【性味】甘。温。無毒。
【効能】消食。下氣。開膈。醒酒。捷於砂仁荳蔻。
【食用】供糖果用。多食損齒。傷氣。

阿迷酒

【性味】甘。辛。無毒。
【効能】通百脈。益元氣。瘀溲數。怯疾。
【食用】阿迷酒性格竄達。一滴入口。精神百倍。較阿片尤速。不可多飲。

春酒

【性味】參看米酒條。
【効能】常服令人肥白。(參看米酒條)
【食用】參看米酒條。
本品爲清明時釀造者。

紅麯

【性味】甘。温。無毒。
【効能】破血瘀。消食積。爲健胃消化品。
治赤白帶。血痢。
【食用】用以炙肉。味甚甘美。

胡桃油

【性味】甘。温。平。無毒。
【効能】補火。
【食用】以佐烹調。但油壞之胡桃所榨者有毒勿食。餘參看胡桃條。

胡麻油

【性味】甘。微寒。無毒。
【効能】利大腸。塗腫毒。生禿髮。治蚘心痛。
【食用】須煎鍊以供烹調。多食滑腸胃。發冷疾。久食損人肌肉。凡煎鍊經宿者。食之動風。過於煮熬者極熱勿用。

胡麻腐

【性味】甘。平。無毒。

【効能】清胃。滑腸。潤肌。解毒。
【食用】參看胡麻條。

食鹽

【性味】鹹。寒。無毒。
【成分】主要成分爲綠化訥。此外有加里。苦土。石灰等鹽化物。及灰雜硫酸鹽類等。凡純粹之鹽。其綠化訥在百分之九十五以上。粗劣者水分及他種質在百分之十一分半以上。
【効能】瀉火。潤燥。清心滋腎。能催進胃液之分泌。以助消化之不足。入腸後能激腸之蠕動。又能令黏膜分泌之增加。以迫大便之排出。且同時又能促進蛋白質之吸收。由胃腸游離而入腎臟。能激腎臟之黏膜。使利尿之功用增加。
【食用】爲調和五味主要品。多食傷肺。發咳。令失色。損筋力。患水腫喘嗽。多有血病者忌食。喜鹹人必膚黑。多食則脈凝泣而變色。故血病者無多食鹽。鹽中雜質多者。以水澄清復煎乃佳。河東天生者及晒成者無毒。其煎鍊者不潔。有小毒。凡飲食過多作脹。以鹽擦牙。溫水嗽嚥二三次卽消。烏賊魚骨能淡鹽。服甘遂藥者忌之。用鹽擂椒味佳。

夏冰

【性味】甘。冷。無毒。
【効能】祛煩熱。熨人乳石發熱腫。傷寒陽毒熱盛昏迷者以冰塊置膻中良幷解燒酒毒。
【食用】凡夏用冰以隱映食物。令氣涼爽。不可多食。中寒人切忌。又服黃連胡黃連大黃巴豆者忌飲。

茶油

【性味】甘。涼。無毒。
【効能】潤腸。淸胃。殺蟲解毒。燃燈益目。抹髮亦良。
【食用】以佐烹飪。宜於病人。煎不熟食之令人作瀉。

酒糟

【性味】甘。辛。無毒。
【効能】温中消食。除冷氣。殺腥。去草菜毒。潤皮膚。調臟腑。
【食用】除煮食外。可用以糟魚肉等食品。其味別趣。有火熱病及喘嗽者勿食糟物。

乾冬菜

【性味】甘。平。無毒。
【効能】利膈。下氣。開胃。益血。生津液補虛勞。幷療久年痰嗽。聲音不出。泡湯飲。湯火傷和酒搗傅。白火丹煎服及洗浴之。
【食用】本品以白菜於冬月用鹽醃透。蒸熟曝乾。蒸數遍。曝數遍。尤佳。和肉炒或作湯飲。味甚佳。尤宜於病人及產婦。

淡豆豉

【性味】苦。寒。無毒。
【効能】解肌表。除煩熱。有發汗作用。又能刺激胃之知覺神經。間接反射於延髓之嘔吐中樞而引起嘔吐。但須用大量。又凡胃不消化。異物積滯食道內。或痢後胃之機能薄弱。以致積滯而引起苦悶欲吐者。均宜之。幷能吐去胃中痰涎及黏液。故有祛痰作用。
【食用】以之調味。色香均佳。其入鹽者名鹹豉。可作菜茹。多汗。及胃寒。幷有瘡疥人勿食。咳嗽及吐血衄血者切忌。

犛牛酥

【性味】甘。微寒。無毒。
【効能】和氣活血。通腸利水。潤肌膚。澤毛髮。
【食用】取犛牛乳練製爲酥用之。

研茶

【効能】解飲食積。去風濕。療肌。
【食用】以芝麻醬油雜茶葉煎煮而成。

魚鮓

【性味】甘。鹹。平。無毒。
【効能】治聤耳痔瘡。諸瘡有蟲。療白餃代指病。主下痢膿血。
【食用】炙食煮食均可供饌。凡鮓皆發瘡疥。鮓不熟者。食之生病。不可合胡荽。葵菜。豆藿。麥醬蜂蜜食。令人消渴及霍亂。凡諸無鱗魚鮓。尤不益人。鮓肉有髮害人。本品以鹽糝魚類醞釀而成。

魚鱠

【性味】甘。溫。無毒。
【効能】去冷氣濕痺。除膀胱水。腹內伏梁。氣塊冷痃結癖疝氣。心下酸水。開胃口。利大小便。補腰脚。起陽道。宜脚氣風氣人。治上氣喘咳。久痢。腸癖。痔疾。大人小兒丹毒風眩。
【食用】以魚之鮮活者細切成片。加入薑醋

蒜齏五味食之。近夜勿食。不消成積。食後勿飲冷水生蟲。時行病後勿食。食之胃弱。勿同乳酪食令人霍亂。不可同瓜食。

按食治云魚鱠肉生。損人尤甚。爲癥瘕。爲痼疾。爲奇病。不可不知。

蓁箕

【性味】甘。平。無毒。

【效能】利水消水腫。豁痰。平實喘。

【食用】煮熟供饌。有瘡疥人忌食。消化不良者少食。本品係以茅竹筍淡煮曝乾而成。

酥油

【性味】甘。微寒。

【效能】補中益氣。潤肌膚。令人好顏色。

【食用】用作滋養品。脾氣虛寒者宜少食。牛酥不離寒。有熱者宜之。羊酥不離溫。有寒者宜之。

黃豆油

【性味】辛。甘。熱。微毒。

【效能】澤毛髮。潤滑腸胃。塗瘡疥。

【食用】以供烹調。多食困脾。發冷疾。滑骨髓。

落花生油

【性味】甘。平。氣腥無毒。

【成分】爲脂肪油。蛋白質。炭水化物。纖維灰質等。其脂肪油爲落花生主成分。含有四十二至五十%。由阿拉吉琪兒酸。及里克諾里克酸之不飽和性油酸類而成。

【效能】潤腸下積。功同橄欖油。

【食用】以供烹調。有腸滑者勿食用。

葡萄酒

【性味】。甘。辛。熱。微毒。

【功能】暖腰腎。駐顏色。耐寒。

【食用】用葡萄實　。或藤汁和麴如常法釀酒。有熱疾及齒疾瘡疹人不可飲至於用葡萄製成燒酒大熱大毒。則切勿多飲。

蜂　蜜

【性味】甘。平。無毒。

【成分】主要爲糖類。其他含有淡物。花粉及水氣等。

【功能】補中。益氣。潤燥。滑腸。有鎮咳通便之效。用於泌尿器病。喘息。慢性氣管枝加答兒等。

【食用】專食或以調味用。多食動脾。發澀熱病生虫䘌。七月勿食生蜜令人暴下霍亂。青赤。酸者。食之令人心煩。同李子生葱韭薤萵苣食。令人利下。又勿同黍米食。食蜜飽後。不可食魚鮓。令人暴亡。小兒尤宜少食。凡取蜜夏冬爲上。秋次之。春則易發酸。凡蜜餞諸果。用細辛置於頂。不引蟲蛇。

酪

【性味】甘。酸。寒。無毒。

【功能】解熱毒。止渴。除胸中虛熱。身面上熱瘡。肌瘡。

【食用】作滋養品。患脾痢者勿食羊乳酪。同魚鮓食成上瘕。忌醋。不可合鱸魚食。

嘉香肉（俗名火腿）

【性味】鹹。甘。平。

【効能】補虛。開胃。

【食用】佐餐供饌。可蒸。可湯。可蜜餞。可以攙和他品。作調味之用。但須純用鹽醃者爲佳。市中賣品多以硝漬。卽無補益。而且硝能爍肺。凡肺痿陰虛咳嗽者不宜食。產婦虛勞須補者亦忌。其肥肉得硝礦入腹卽成痰。體肥多痰者。亦不可多食。倘食之作痰。研杏仁泥解之。

綠豆粉

【性味】甘。涼。平。無毒。

【効能】解諸熱。益氣。解酒食諸毒。治發背癰疽。瘡腫。及湯火灼傷。

【食用】製作粉皮索粉。供饌用。脾胃虛弱者。多食難消化。令腹痛。泄瀉。食杏仁卽消。如近杏仁卽爛不成索

綠豆芽

【性味】甘。平。無毒。

【効能】解酒毒。熱毒。利三焦。

【食用】供饌用。但受濕熱鬱遏之氣。食之發瘡動氣。

蒲州豆豉

【性味】鹹。寒。無毒。

【効能】解煩熱。熱毒。虛勞。調中。發汗。通關節。殺腥氣。傷寒鼻塞。

【食用】參看淡豆豉條。製法先以酒醋浸透。蒸熟曬乾。入麻油再蒸晒。如是三四次。再以薑椒末拌貯藏之。

飴糖

【性味】甘。大溫。無毒。

【成分】主要成分爲麥芽糖。糊精。此外含有蛋白質。脂肪。及少許鹽質。

【効能】和中。潤腸。補虛。止痛。爲炭水化物之可溶性物。易消化故爲小兒產婦滋養佳品。

【食用】製糖果用。多食生痰助火。動脾風。發濕熱。患中滿。吐逆。祕結。牙䘌。赤目。疳病切忌食之勿同豬心肺食。服半夏菖蒲者忌食。

犛牛酥

【性味】甘。平。無毒。

【効能】去諸風濕痺。除熱。利大便。去宿食。

【食用】作滋養品。參看酥油條。

蝦醬

【性味】缺。

【効能】廣東有毒樹。結子如牛乳。食之立死。惟蝦醬能解。

【食用】以之和味供饌。其味頗佳。

醋

【性味】酸。苦。温。無毒。

【成分】主要成分爲醋酸。餘則路含醋酸伊打。糖分。護謨。色素。灰分等。

【効能】散瘀血。消癰腫。有消散腹內積塊。及解魚肉蔬菜諸蟲毒。又治腸窒扶斯結核性盜汗力量。入胃時能刺激胃神經。使胃分泌增強。然亦能制止Pepsin醱酵作用。至腸內能刺激腸黏膜。使腸之斂性增加。同時又能凝固已消化之蛋白。由腸吸入血中。又能令血管收縮。汗液減少。

【食用】米醋最良。多食損筋骨。傷胃氣。不益男子損齒減顏。能發毒。不可同諸藥食。服茯苓丹參萆薢藥者忌之。凡風寒咳嗽及泄痢脾病者勿食。

麨米

【性味】甘。苦。微寒。無毒。
【劾能】和水服。解煩渴。止洩。實大腸。
【食用】充飢。乾食。或以開水砂糖拌食。
本品或以米，或以麥炒成。

麪筋

【性味】甘，涼，無毒。
【劾能】解熱和中。勞熱人宜食之。
【食用】供饌用。煮食甚良。油燴則性熱。

橘餅

【性味】甘。溫。無毒。
【劾能】導胸脅逆氣下行。行肝氣。消痰運食。黃疸膨脹。食之有益。
【食用】供糖果饌。

燒酒

【性味】辛。甘。大熱，有大毒。
【劾能】消冷積寒氣。燥濕痰。開鬱結。止水泄。治霍亂。瘧疾噎膈。心腹冷痛。陰毒欲死。殺蟲。辟疫。利小便。堅大便。洗赤目腫痛有效。
【食用】多食敗胃。傷膽。潰髓。弱筋。傷神。損壽。有火症者忌之。同薰蒜犬肉食。令人生痔發痼疾。妊婦飲之。令子驚癇。過飲發燒者以新汲水浸之。或浸髮卽醒。中其毒者。服鹽冷水菉豆粉可少解。或用大黑豆一升。煮汁一二升。多飲服之。

取吐便快。

糖橘紅

【性味】甘。辛。溫。無毒。
【効能】理氣。快膈。消痰。止嗽。
【食用】入餅餌和味。其性不峻烈。南人體弱者宜之。

糖糟

【性味】甘。溫。無毒。
【効能】益氣。溫中。暖脾胃。化食。
【食用】入魚肉內和味。餘參看酒糟條。

蕪荑醬

【性味】
【効能】殺三蟲功力強於榆仁醬。
【食用】供饌用。多食落髮。

醍醐

【性味】甘。冷。利。無毒。
【効能】添精。補髓。益中。塡骨。療驚悸頭疼傅頭頂心治月蝕瘡。
【食用】以好酥一石鍊爲三四斗。百鍊彌佳。宜於血熱枯燥之人。脾胃虛寒者忌食。

鍋焦

【性味】苦。甘。平。無毒。
【効能】補氣運脾。消食積。止泄瀉。
【食用】煮食。或磨粉加糖食尤佳。

藕粉

【性味】甘。平。無毒。
【効能】調中開胃。補髓益血。通氣分。淸表熱。常食安神。生智慧。解暑。

生津。消食。止渴。

【食用】以開水冲服。或加糖蜜尤佳。諸病症皆不忌。

鰾膠

【性味】甘。鹹。平。無毒。

【効能】燒存性治婦人產難。產後風搐。破傷風痙。止嘔血。散瘀血。消腫毒。

【食用】以鰾煮凍作膏。切片。以薑醋食。

菌部

天花蕈（一云有毒）

【性味】甘。平。無毒。

【効能】益氣。殺蟲。

【食用】產於山西五台山。山多蛇。是物感其氣甚多。煮時以金銀試之。不變黑者。方可食之。

木耳

【性味】甘。平。有小毒。

【効能】能治痔瘡炘腫。崩中漏下。眼流冷淚。血注脚瘡。血痢下血。一切牙痛等症。

【食用】蒸食。或和肉類食均佳。以桑槐榆柳樹生者良。柘木者次之。其餘諸樹生者。動風氣。發痼疾。令人肋下急。損絡。背膊悶。楓木生者令人笑不止。有惡蛇蟲從下過者大毒。凡采歸色變。夜視有光。欲爛不生蟲。赤色及仰生者。並有毒。不可食。不可合雉肉野鴨鵪鶉食。多食衰精冷腎。中木耳毒者。生擣冬瓜蔓汁或用地漿可解。

四季蕈

亦香蕈之一種。多生林木中。味甘而肌理粗糙。

白木耳

【性味】甘。平。無毒。

【効能】能清肺熱。養胃陰。濟腎燥。治肺熱咳嗽。肺燥乾咳。久咳喉癢。咳疾帶血。或痰中血絲。或久咳絡傷脅痛。及肺癰肺萎。婦人月經不調。肺熱胃疾。大便閉結。大便下血。

【食用】同蜜或冰糖蒸食甚甘美。但有滑利性。腸滑胃寒人不相宜。腎寒肺寒人亦不相宜。

石耳

【性味】甘。平。無毒。

【効能】益精。悅神。止瀉血。脫肛。

【食用】烹食甚甘美。久食令人好顏色。至老不毀。又令人不飢。大小便少。

地耳（俗名地踏菜）

【性味】甘。寒。無毒。

【効能】明目。益氣。令人有子。

【食用】春夏雨後採之。可以供饌。若見日者不堪用。

杉菌耳

【性味】甘。辛。微温。無毒。

【効能】治心脾氣疼。及暴心痛。

【食用】鮮者可煮食供饌。

松黃

【性味】甘。平。無毒。

【効能】生津。消痰。療溲濁不禁。

【食用】煮食鮮肥滑潤。可爲素饌。患瘡瘍人忌食。

松蕈

【性味】甘。平。無毒。

【効能】溲濁不禁。食之有效。

【食用】味脆鮮美煮食。炙食。鹽藏。糖藏。晒乾。均佳多食發瘡疥。動冷氣。

栢耳

【性味】甘。平。無毒。

【効能】肺癰咳唾膿血。不問膿成未成。用一兩研末。同百齒霜二錢。糊丸梧子大。米飲下三十丸效甚捷。

【食用】參看木耳條。

柳蕈

【性味】同木耳。

【効用】心痛。煎服之。

【食用】參看木耳條。

香蕈

【性味】甘。平。無毒。

【効能】益氣不飢。治風破血。開胃治溲濁不禁。

【食用】煮食包邊圓輭者佳 。多和生薑食良。痧痘後產後病後忌食。生山僻處有毒殺人皁英蕈亦有毒 。不可食。

桑耳

【性味】甘。平。無毒。

【効能】黑者治女人漏下。赤白汁。血痢。癥瘕。積聚。陰痛陰陽寒熱無子。月水不調。黃熟者或陳白者。止久泄。益氣不飢。金色者治癖飲積聚。腹痛。金瘡。不分顏色。皆能安五臟宣腸胃氣。

【食用】和葱豉作羹食。或清煮食 餘參看木耳條。

舵菜

【性味】鹹。甘。寒。無毒。

【効能】消癭瘤。結氣　痰飲。
【食用】供饌用。脾胃虛寒人勿食。

羊肚蕈

【性味】甘。寒。無毒。
【効能】清熱。
【食用】供饌用。患冷積腹痛泄瀉者勿食。

葛仙米

【性味】甘。寒。無毒。
【効能】利臟腑胸膈。解熱。清神。去痰火。
【食用】本品形同木耳。其色紫綠。粒圓如黍。揉麵釀酒。氣極芳香。煮熟爲羹。優如青螺。中寒者勿食。

葛乳（一名葛花菜）

【性味】甘。苦。涼。無毒。

【効能】治風熱癬疹。醒酒。解酒積。解肌熱。散風火。
【食用】供菜茹。味甘脆。中寒人勿食。

槐耳

【性味】苦。辛。平。無毒。
【効能】五痔。脫肛。下血心痛。婦人陰中瘡痛。
【食用】參看木耳條。

藿菌

【性味】鹹。平。有小毒。
【効能】療心痛。溫中。去長蟲。白癬蟯蟲。蚘蟲。癥瘕諸蟲。
【食用】供菜茹。不可與雞蛋同食。參看菌條。

雞㙡

【性味】甘。平。無毒。
【效能】益胃清神治痔。
【食用】烹食味鮮如雞肉。多食動風氣發病。勿同雞肉食。

鷄膏蕈

【性味】甘。滑。
【效能】參看香蕈條。
【食用】同前。

蘑菰

【性味】甘。寒。無毒。
【效能】益腸胃化痰理氣。
【食用】葷素食皆宜。多食動風氣發病。勿同雞肉食。

猴頭

【性味】甘。平。無毒。
【效能】清熱滑腸。
【食用】爲山珍之一。筵席上之珍品。但爲濕熱之氣所蒸。多飲恐有發瘡疥。

附錄

人參酒　補中益氣統治諸虛。

地黃粥　利血生津。用地黃切二合與米同入瓦罐煮之。候熟以酥二合。蜜一合。同炒香入內再煮熟食。

大麻子粥　潤腸治痺。用大麻子和米煮粥。

女貞皮酒　風虛補腰膝。用女貞皮切片浸酒。

牛蒡酒　諸風毒。利腰脚。用牛蒡根切片浸酒。

牛膝酒　壯筋骨。治痿痺。補虛損。除久瘧。用牛膝切片浸酒。

仙茆酒　精氣虛寒。陽痿膝弱。腰痛痺緩。諸虛。用仙茆九蒸九晒浸酒（仙茆即長松）。

仙靈脾酒　偏風不遂。強筋骨。用仙靈脾一斤。無灰酒二斗。密封三日飲。（仙炅脾即淫羊藿）。

巨勝子酒　風虛脾弱。腰膝疼痛。用巨勝子二升。炒香。薏苡仁二升。生地黃半斤。袋盛浸酒。

戊戌酒　大補元陽。用黃狗肉一隻。煮糜。連汁和麴米製酒飲。戊戌酒性大熱。陰虛無冷病人。不宜飲。

朮酒　一切風濕筋骨諸痛。駐顏色。耐寒暑。用朮三十斤。去皮。搗。以東流水三石。漬三十日。取汁。露一夜。浸麴米釀成之。

白石英酒

風濕周痺。肢節濕痛。及腎虛耳聾。

用白石英。磁石。煅。醋淬七次。各五錢。用袋盛浸酒五六日。温飲之。

地黃酒

補虛弱。壯筋骨。通血脈。治腹痛。烏鬚髮。

用生地黃絞汁同麴米封密器中。五七日啓之。中有綠汁者，其眞精英也。宜先飲之。乃濾汁藏貯。加牛膝汁效更速。亦有加羣藥者。

羊汁粥

能治勞損。以羊肉汁和米煮粥。

羊肝粥

補肝虛明目　。以羊肝和米煮成之粥。

羊羔酒

用米一石。如常浸漿。嫩肥羊肉七斤。麴十四兩。杏仁一斤。同煮爛。連汁拌米。入木香一兩。同釀。勿犯水。十日熟。極甘滑。一該羊肉五斤。蒸爛酒浸一宿。入消梨七個。同擣取汁。和麴米釀酒飲之。大補元陽。壯脾胃。益腰腎。

羊腎粥

補腎虛諸疾　。以羊腎和米煮成之粥。

芋艻粥

寬腸胃。令人不肌。以芋艻和米煮成之粥。

虎骨酒

臂脛疼痛。歷節風疼。腎虛。膀胱寒痛。

用虎脛骨一具。炙黃。搥碎。以絹袋盛浸酒。

枸杞子粥

補精血。益腎氣。血虛腎虧者服之最宜。

用枸杞子和米煮爲粥。

枸杞酒

補虛弱。益精氣。去冷風。壯陽

道。止目淚。健腰脚。
用枸杞子同生地黃浸酒飲。

砂仁酒 消食。和中。下氣。止心腹痛。
用砂仁研末袋盛浸酒飲。

紅麴酒 治婦人腹中及產後瘀血。
用紅麴釀成之酒。

胡麻粥 潤腸治痺。
用胡麻和米煮粥。

胡椒粥 治心腹疼痛。
用胡粒和米煮粥。

苡仁酒 去風濕。強筋骨。健脾胃。
用苡仁浸酒飲。

苡仁粥 除濕熱。利腸胃。
用苡仁和米煮粥。

郁李仁粥 潤腸治痺。
用郁李仁和米煮粥。

韭菜粥 溫中暖下。
用韭菜和米煮粥。

栗子粥 補腎氣。益腰脚。
用栗子和米煮粥。

糯米粥 益氣治脾胃虛寒。洩痢。吐逆。小兒痘瘡白色。
用糯米煮粥。

茯苓粥 清上實下。
用茯苓粉和米煮粥。

茯苓酒 頭風虛眩暖腰膝。療五勞七傷。
用茯苓和米釀酒。

茱萸粥 治心腹疼痛。
本品和米煮粥。

茴香酒 卒然腎氣痛。睾丸偏墜。牽連心腹痛。
用茴香浸酒舶來品尤良。

茴香粥 和胃治疝。
用茴香和米煮粥。

茵陳酒 風痰。筋骨攣急。
用茵陳蒿一斤。糯米一石。麴三

斤。如常釀之。

蚺蛇酒 諸風痛痺。殺蟲辟瘴。癘風。疥癩。惡食。
用蚺蛇肉一斤以羌活一兩袋盛浸酒。

馬齒莧粥 治痺消腫。
用馬齒莧和米煮粥。

紫酒 治卒然中風。口偏不語。角弓反張。煩亂欲死。及鼓脹不消。
用雞矢白炒焦投酒中。待變紫色即成。

荷葉燒飯 厚腸胃。通三焦。資助生發之氣。
用荷葉煎湯煮成之粳米飯。

鹿茸酒 陽虛痿弱。小便頻數。勞損諸虛。
用鹿茸山藥浸酒服。

椒柏酒 辟一切疫癘不正之氣。
除夕用椒二十一粒。東向側柏葉七枚。浸酒元旦飲之。

菱實粉粥 益腸胃。補內熱。
以菱實粉和米煮成之粥。

萊菔粥 消食利膈。
以萊菔和米煮成之粥。

黃精酒 壯筋骨。益精髓。變白髮。治百病。
用黃精蒼朮各四斤。枸杞根柏葉各五斤。天門冬三斤。煮汁一石。糯米一石如常釀酒飲。

黃藥酒 癭瘤結氣。
用黃藥子切片。袋盛浸酒煮服。

黍米粥 益氣。治脾胃虛寒泄痢吐逆。小兒痘瘡白色。
用黍米煮粥。

粳米粥 利小便。止煩渴。養腸胃。
用粳米煮粥。

粳米湯 益胃除濕。不去火毒令人煩渴。
用粳米炊熟煎湯。

慈石酒　腎虛耳聾。用慈石菖蒲木通等分袋盛浸酒。

綠豆粥　解熱毒。止煩渴。用綠豆和米煮粥。

酸棗仁粥　治煩熱。益膽氣。用酸棗仁和米煮粥。

蓮子粥　健脾。止洩痢。用蓮子和米煮粥。

鴨汁粥　消水腫。用鴨汁和米煮成之粥。

薑酒　治偏風。中惡疰忤。心腹冷痛。用薑塊浸成之酒。

薤白粥　治老人冷痢。用薤白和米煮成之粥。

蕎菜粥　明目利肝　用米和蕎菜煮成之粥。

雞汁粥　療勞損。用雞汁和米煮成之粥。

雞肝粥　補肝虛。明目。用雞肝和米煮成之粥。

鯉魚汁粥　消水腫。用鯉魚汁和米煮成之粥。

農民膳食需要量表

中華營養促進會上海分會擬定之膳食表四種。其中三種係爲普通男子。一爲女子者。均係根據膳食中蛋白質來源而定最理想者爲（表一）含動物性蛋白質較多者（約佔全膳食蛋白質之四分之一）表二則較少。表三則爲素食。實施時須視當地之出產人民之經濟之狀況而定。至於五穀類中用米或麵均無其大差別。但以採用糙米。黑麵粉。較白米白麵爲佳。黃豆可用爲烹調或採用其製品。或磨成粉狀。和白麵粉同用。此表中爲每人每日需用之食物。重量以公分單位。每年所需之量。可由此計算之。食鹽一項。普通計算膳食向不列入。如欲計算。可以每日每人需要五公分。遇天熱及汗流—多者則所需較多。

成年男子（體重約六十公斤）每日膳食表

(一)含動物性蛋白質較多者

	重量（公分）	熱力（卡）	蛋白質（公分）	鈣（公分）
糙米或小麥粉㈠	三〇〇	一〇一四	二〇・〇四	〇・一六八
玉米	二〇〇	七四八	一七・二〇	〇・一七四
黃豆				
綠葉菜蔬㈡				
小青菜	五〇〇	七五	五・五〇	〇・五四〇
肥瘦豬肉㈢	一二〇	七二〇	一一・二〇	〇・〇〇七
蛋	四〇	七八	四・六〇	〇・〇〇二
根莖類㈣	二五〇	一八二	四・六〇	〇・一二二
油類	二〇	一八〇		

總計		二九九七	六三・〇〇	〇・九四三

註㈠此處以糙米計算。若用小麥粉。熱力供結量相差無几。但蛋白質較多。鈣質較少。農忙時每日可加糙米或小麥粉五兩。

㈡綠葉蔬在膳食中之價值。在能供給無機鹽。鈣鐵及維生貨A・C・等。此處以青菜計算如採用莧菜。芥菜。太古菜。薺菜。苜蓿。則鈣質較多。若採用包心菜。菜花。白菜。萵苣。菠菜等則鈣質較少。

㈢此處以去骨去皮之肥瘦豬肉計算。他種動物肉。均可代替之。唯羊牛肉較瘦。供給熱較少。蛋白質較多魚及家禽類爲純粹肌肉。供給力更少。蛋白質更多。

㈣此處計算。以洋山芋。但如採用蘿蔔等。供給熱力較少。以後註解與此表同

第二表略含動物性蛋白質者

	重量（公分）	熱力（卡）	蛋白質（公分）	鈣（公分）
糙米或小麥粉	三五〇	一一八三	一三・四	〇・一九六
玉米	二五〇	九三五	二一・五	〇・二一七
黃豆	六〇	二六四	二四・三	〇・一一四
小青菜	五〇〇	七五	五・五	〇・五四〇

肥瘦豬肉	三〇	一八〇	二・八	〇・〇〇二
蛋	二〇	三九	二・三	〇・〇二
根莖類	二五〇	一八二	四・六	〇・〇三二
油類				
總計		三〇三八	八四・四	一・一一二

第三表完全不量動物性蛋白質者

	重量（公分）	熱力（卡）	蛋白質（公分）	鈣（公分）
糙米或小麥粉	三五〇	一一八三	二三・三八	〇・一九六
玉米	二五〇	九三五	二一・五〇	〇・二一七
黃豆	一〇〇	四四〇	四〇・五〇	〇・一九〇
小青菜	五〇〇	七五	五・五〇	〇・五四〇
根莖類	二五〇	一八二	四・六〇	〇・〇三二

油類	二○	二八○		
總計		二九九五	九五・五○	一・一七五

第四表成年女子（體重約五十公斤）膳食表

	重量（公分）	熱力（卡）	蛋白質（公分）	鈣（公分）
糙米或小麥粉	二○○	六七六	一三・三六	○・一一二
玉米	二五○	九三五	二一・五○	○・二一七
黃豆	六○	二六四	二四・三○	○・一一四
青菜	五○○	七五	五・五○	○・五四○
肥瘦豬肉	三○	一八○	二・八○	○・○○三
蛋	二○	三九	二・三○	○・○一二
根莖類	二五○	一八二	四・六○	○・○三二
油類	二○	一八○		

總計	二五三一	七四‧一〇一	一‧〇二八

食品之維乙含量表

植物性食品	
純糙米	八〇
胚芽米	五〇
七成白米	三五
無砂熟白米	一〇
有砂熟白米	〇
米胚子	一五〇〇
米糖	五〇〇
小麥(全)	六〇
小麥胚子	六〇〇
小麥粉	二四
玉蜀黍	三〇—六〇
黑麪包	七五
白麪包	一〇
大豆	二〇〇
豆腐	一〇
扁豆	二一〇
落花生	一〇〇
馬鈴薯	三〇—六〇
南瓜	一〇
菠菜	七〇
白菜	二五
番茄	四〇
胡桃	一一〇
蘋果	七〇
香焦	五〇
西瓜	七〇

梨	三〇
洋葱	四〇
筍	一〇——二五
動物性食品	
牛肉	五〇
牛肝	一五〇
牛腎	四〇〇
牛心	二六〇
猪肉	六六〇
猪肝	一三〇
猪腎	三四〇
猪腦	六〇
羊肉	一五〇
牛乳	二〇
雞蛋白	〇
雞蛋黃	一二〇
皮蛋黃	〇
其他	
啤酒酵母	六〇〇——二〇〇〇
啤酒	三
麵包酵母	三〇〇——五〇〇
綠(三錢)紅(三錢)	〇

本表所示含量係食品百公分中之國際單位依照一九三四年改正法一國際單位等於三q之鹽酸鹽。

維生素缺乏之病表

種類	維生素缺乏所現之病症	維生素存在之所
A	眼炎結膜乾燥症	獸肉（肝臟心臟腎臟最多）鳥肉蔬菜
B	脚氣病白米病	五穀之芽中及飴糖中
C	壞血病	果實中蔬菜中乳汁中（動物心腎臟含少量）
D	佝僂病軟骨病	肉類獸卵乳汁中
E	失產育机能	獸肉（肝腎臟最多）小麥之胚子油中

【附記】凡人之飲食物。若缺乏某種。卽患某種病AC兩種。雖類似而非同一DE二種之作用。現尙未研究正確。

書名：飲食療養新編
系列：心一堂•飲食文化經典文庫
原著：心一堂編
主編•責任編輯：陳劍聰

出版：心一堂有限公司
通訊地址：香港九龍旺角彌敦道六一〇號荷李活商業中心十八樓〇五一〇六室
深港讀者服務中心：中國深圳市羅湖區立新路六號羅湖商業大厦負一層〇〇八室
電話號碼：(852) 67150840
網址：publish.sunyata.cc
淘宝店地址：https://shop210782774.taobao.com
微店地址：https://weidian.com/s/1212826297
臉書：https://www.facebook.com/sunyatabook
讀者論壇：http://bbs.sunyata.cc

香港發行：香港聯合書刊物流有限公司
地址：香港新界大埔汀麗路36號中華商務印刷大廈3樓
電話號碼：(852) 2150-2100
傳真號碼：(852) 2407-3062
電郵：info@suplogistics.com.hk

台灣發行：秀威資訊科技股份有限公司
地址：台灣台北市內湖區瑞光路七十六巷六十五號一樓
電話號碼：+886-2-2796-3638
傳真號碼：+886-2-2796-1377
網絡書店：www.bodbooks.com.tw
心一堂台灣國家書店讀者服務中心：
地址：台灣台北市中山區松江路二〇九號1樓
電話號碼：+886-2-2518-0207
傳真號碼：+886-2-2518-0778
網址：http://www.govbooks.com.tw

中國大陸發行　零售：深圳心一堂文化傳播有限公司
深圳地址：深圳市羅湖區立新路六號羅湖商業大厦負一層008室
電話號碼：(86)0755-82224934

版次：二零一四年十二月初版，平裝

心一堂微店二維碼　心一堂淘寶店二維碼

定價：港幣　九十八元正
人民幣　九十八元正
新台幣　三百六十元正

國際書號 ISBN 978-988-8316-01-4